暗号通貨とブロックチェーンの先に見る世界

テクノロジーはどんな夢を見せてくれるのか

監修 JBCIA（日本ブロックチェーン産業協会）
著 栗山賢秋 辻川智也 鈴木起史

梓書院

はじめに

暗号通貨の認知度の高まりと共に、「ブロックチェーン」という言葉にも注目が集まり、メディアでも頻繁に取り上げられるようになりました。今や業界を問わず様々な人がブロックチェーンの活用法を研究し、あるいは既に導入して、将来の活路を模索していま す。

ブロックチェーン技術を活用できるジャンルは、各企業はもちろん、行政や、医療、福祉、健康、教育など多岐にわたり、その可能性は更なる広がりを見せています。近い将来、私たちの生活の大部分にブロックチェーン技術が関わってくる、という予測もありますが、あながち間違ってはいないでしょう。

しかし残念ながら、現在でもブロックチェーンの概念は充分に認知されているとは言えず、誤解から生じるトラブルが後を絶ちません。ブロックチェーンに関する情報も玉石混淆といった状態で、混乱に拍車をかけています。大量に出版されている書籍の中にすら、首をかしげたくなるような内容のものが存在します。

また、現状を見て分かる通り、ブロックチェーンは既存の社会の繋がり方を根底から変え、国家という枠組みすらたやすく超越し、新しいヒト・モノ・コトのネットワークを次々に構築し続けています。ただし、この潮流に正しく乗っていくためには、ある程度のリテラシーが求められます。

果たして、今の日本は、ブロックチェーンの潮流に乗るにあたって充分なレベルに達しているといえる状況でしょうか。私たちはその点に大きな疑問を感じています。例えば暗号通貨などでブロックチェーンに何らかの関わりを持っている人に、「ブロックチェーンとは何か？」という質問を投げかけても、的を射た答えは一部の人からしか返ってきません。また、皮肉なことに、２０１８年１月に発生したコインチェックのＮＥＭ流出事件に代表されるような悪い出来事が起こると、それをきっかけにブロックチェーンの認知度も上がり、同時に誤った情報やネガティブな認識まで拡散されるということも起こっています。

このままでは、日本はブロックチェーン後進国となってしまいます。今後の社会のあり方を大きく左右するであろうブロックチェーンを充分に活用できないというのは、国際社会において致命的といっても過言ではないでしょう。ブロックチェーンは「国家という枠組みも超越する」と先ほど書きましたが、技術や知識が劣っている状態でそれをすることは、決して望ましいことではありません。

このような状況を打破したい、という思いで創設されたのが「ＪＢＣＩＡ」（Japan Block Chain Industry Association＝日本ブロックチェーン産業協会）です。

ＪＢＣＩＡ（日本ブロックチェーン産業協会）について

ＪＢＣＩＡは、日本のブロックチェーンコミュニティへの教育と、その推進・発展を目的とし、「グローバルリーダーの育成」及び「ベストプラクティスの実現」を達成することを目指して立ち上げられました。

また、ＪＢＣＩＡの使命は、ブロックチェーンの世界的な採用を推進し、経済的持続可能性に現実的なインパクトをもたらすことにもあります。さらに、ブロックチェーンに関する模範的な基準をベンチマークすることを通して、日本をブロックチェーン分野の主要国の一つにするよう努めます。これらの目標に到達するために、様々な活動を行っています。概要は以下の通りです。

■教育
次世代のブロックチェーン技術を担う技術者の育成・支援。
■研究・開発
ブロックチェーン技術の研究開発を推進し、産業の発展のための礎を築く。
■知識の仲介と普及
ブロックチェーンの知識を分かりやすく広め、より多くの人の啓発に努める。
■連携と発展
開発者間の連携を促進し、新しいブロックチェーン技術の創出を行う。
■グローバルエンゲージメントの構築
ブロックチェーンの関連市場開拓に向けた、国際パートナーとの関係構築。
■グループ活動
情報を共有し、会員の業務・活動へ迅速に生かすことのできるシステム構築。

ブロックチェーンの詳細については本編で改めて触れますが、その特徴のひとつは「P2P」、つまり中央集権ではないネットワークを構築するというものです。さらにその中で、互いに支え合い、見張り合いながら、不正や虚偽を排除するという機能を併せ持ち、利益を追うだけでなく全体調和を図るという理想も与えられています。この考え方は、JBCIAの創立理念とも正確にリンクしています。

様々な活動を通して、ブロックチェーンの知識や技術を正しく広め、利用者が正当に利益を享受できる環境を作り、リスクを軽減させ、悪質なものを排除する。さらに、ブロックチェーンに次世代の変化が訪れた時にはいち早くそれを察知し、道筋を立てて示して行く。そこに向かうステップのひとつとして、ブロックチェーン及びそれに関連する情報を共有しようというのが、本書の主旨です。

ここに綴られた一連の記述を通して、ブロックチェーンについての正しい理解が広がり、将来に向けての可能性や理想が共有され、日本のみならず世界におけるブロックチェーン技術の活用に寄与できることを願ってやみません。

平成30年10月吉日

JBCIA（日本ブロックチェーン産業協会）　鈴木起史

はじめに　1

Chapter1
ブロックチェーンとは　9

Chapter1

ブロックチェーンとは

ブロックチェーンとは何か？

ドン・タプスコット、アレックス・タプスコットによる著書『ブロックチェーン・レボリューション』の冒頭において、彼らはブロックチェーンのことを「テクノロジー界の魔人（ジーニー）」と表現しています。これはまさにブロックチェーンの本質をあらわした的確な比喩だと言えます。

『アラジン』に登場するランプの魔人ジーニー。人の望みを何でも叶えることができる彼の魔法は、アラジンのような善人が持てば誰かを助けることに役立ちますが、権力欲に満ちたジャファーのような人の手に渡ると邪悪なツールとなり、混乱の元凶となります。ブロックチェーンが秘めている可能性も全く同じ性格のものです。

ブロックチェーンそのものはテクノロジーの産物であり、情報を管理・運用する手段の一つです。そこにイデオロギーのようなものは存在しません。したがって、偏見も差別もなく、誰もが平等に参加でき、公平に利益を享受することができます。ブロックチェーンが正常に機能している限り、不正が行われる確率はほとんどゼロに等しく、それと同時に、ブロックチェーンが正常に機能し続ける可能性は、過去の様々なテクノロジーと比較しても突出して高いと言えます。これはきわめて革新的なことであり、インターネットの登場、あるいはそれを超えるインパクトを持つ事象です。

しかし、革新的な発明や突出した技術は、時に権力や巨大な組織に独占され、ねじ曲げられて、その本来の目的とは異なった方向に暴走することがあります。この事実は歴史が証明しており、枚挙に暇がありません。ノーベルもアインシュタインもフォン・ブラウンも、自分たちの発明や発見が多くの人を不幸にすることなど予想もしなかったでしょう。

どんなに優れたツールも愚者が手にすれば混乱を生む代物に成り果ててしまいます。昨今の、ICO乱立によって一部で起きている詐欺まがいの行為（あるいは詐欺行為そのもの）もこれにあたると言っていいでしょう。ブロックチェーンはまだ成熟途上段階にあり、その過程における、いわば成長痛のようなトラブルも起こしています。しかし、これらのほとんどはブロックチェーンが持つ不完全性によるものではなく、誤解、誤用、悪意によって発生させられたものです。こういった背景もふまえ、本書の基本姿勢として、ブロックチェーンは「金儲けのためだけのツールではない」、「権力者や巨大組織をさらに肥えさせるための道具ではない」という点を軸の一つに据え、話を進めていきたいと考えています。

少し前置きが長くなりました。本題に入りましょう。ブロックチェーンの概要について、以下説明していきます。

本項の「ブロックチェーンとは何か?」という見出しを見て、「ブロックチェーンのことはもう熟知している」と思われた方もいるかもしれません。しかし、ブロックチェーンは未だに明確に定義されていない事象であり、個々の認識に微妙な相違が生じていることもあります。本記事における「ブロックチェーンの定義」を明確にするために、改めてブロックチェーンの概要を記述します。

ブロックチェーンは、ごく簡潔に説明すると「巨大な台帳が分散化され、ネットワークでつながったもの」です（生成の順序は逆ですが、あえて分かりやすく記述します）。日本語では「分散型台帳」などと呼ばれ、「分散型ネットワーク」と表現されることもあります。ブロックチェーンという言葉は、分散型台帳を構成する技術を意味したり、分散型台帳そのものを指したり、あるいは分散型台帳を取り巻く事象すべてを含んでいたりする

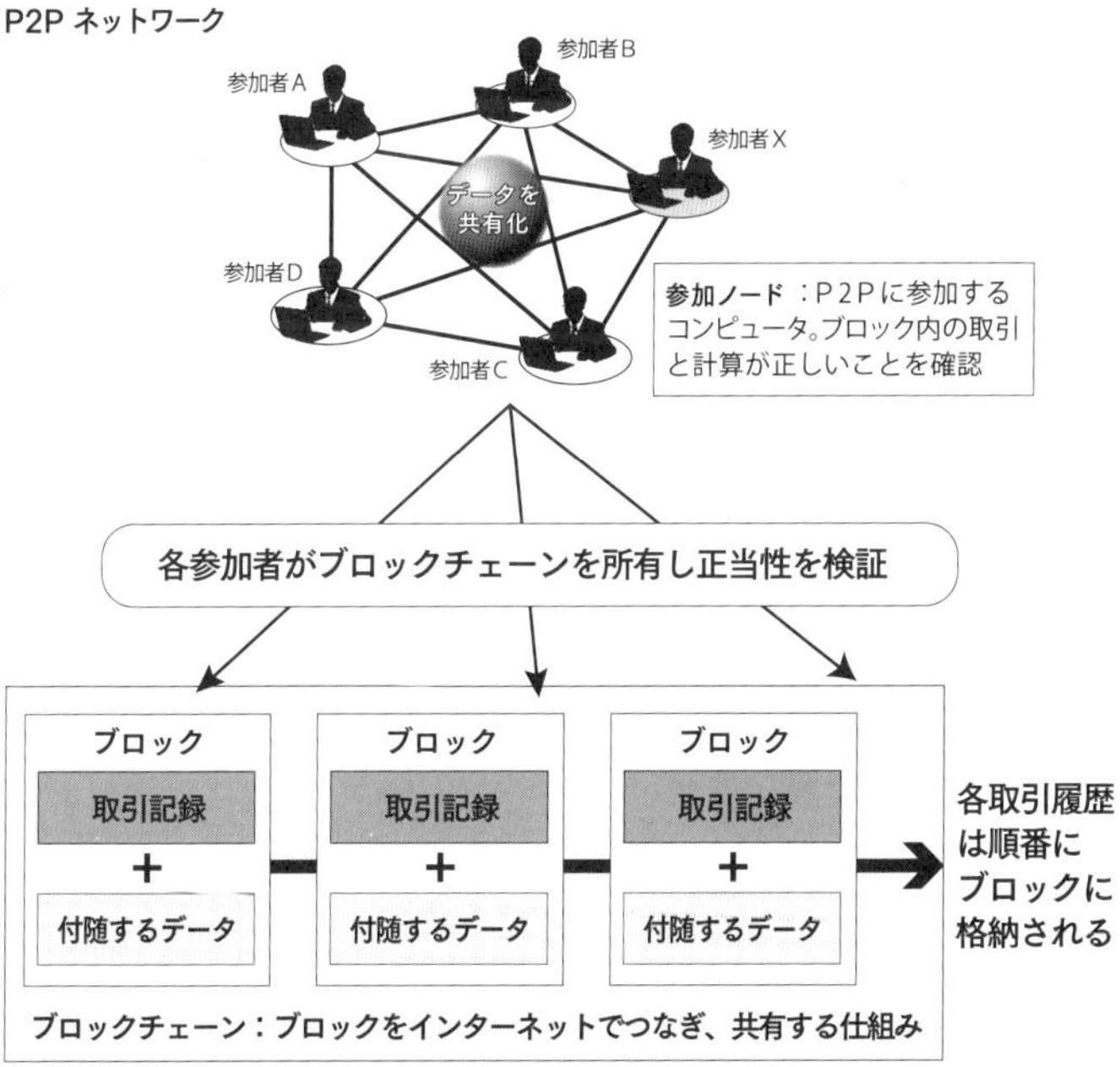

こともありますが、本書においては、「ブロックチェーン＝分散型台帳」として扱います。

ブロックチェーンは、その名の通り「ブロック」と「チェーン」の、２つの構成要素から成り立っています。これを「Ｐ２Ｐ」方式でつなぎます。

〈ブロック〉
一定期間内の取引記録、及びそれに付随するデータが保存された固まり

〈チェーン〉
「ブロック」をインターネットでつなぎ、共有する仕組み

〈P2P（peer to peer）〉
コンピュータ同士を、サーバーを介さずにつなぐ方法

例えばビットコインの場合だと、約10分間の取引が1つのブロックに保存されています。このデータを、ブロックチェーンを構成するコンピュータ端末＝ノードが所有します。ノードはネットワークでつながっており、これによりデータが共有化されます。この連鎖を多く持つことによって、膨大なデータの共有・管理が可能になります。さらに、データの管理は高度に暗号化されており、改ざんなどの不正を行うことが事実上不可能な仕様になっています。

より具体的な内容や特徴については別項で説明しますが、この仕組みが成立し、機能した結果、従来のサーバー／クライアント型に代表される、中央集権型の情報管理が必要なくなるのです。

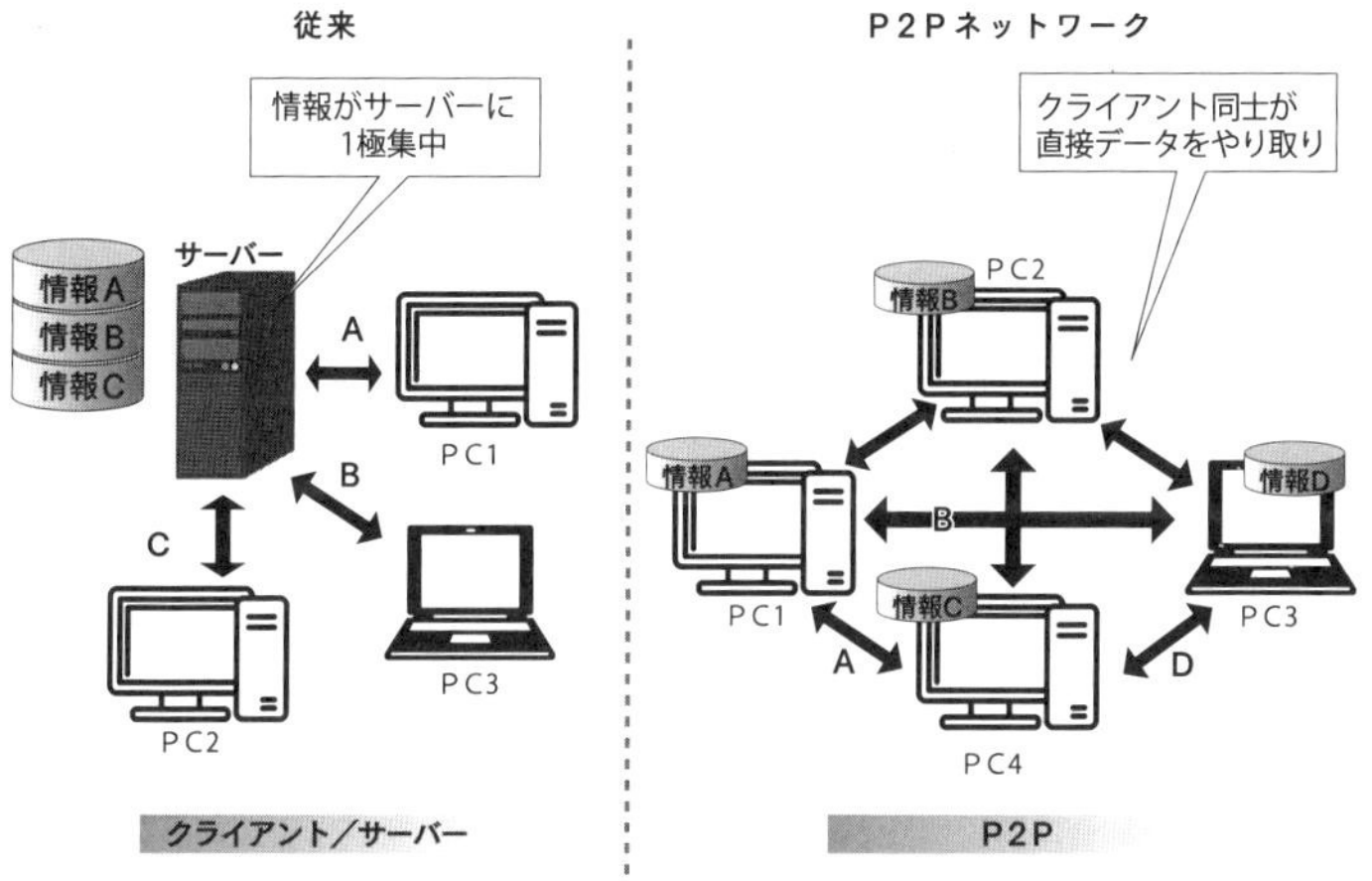

これだけを聞くと「新しいタイプのデータベースが登場しただけではないか」と解釈されてしまうかもしれません。ブロックチェーンの一つの側面のみを見ると、その解釈は間違ってはいないといえるでしょう。しかしその「新しさ」が、ブロックチェーンにおいては「進化」ではなく「革命」といえるレベルの新しさであり、従来のデータベースという考え方からも大きく飛躍しているため、ブロックチェーンを取り巻く事象では、既に過去に類を見ない情報の流れが生まれていっているのです。

従来は常識だった「中央集権型」の情報管理体系が、「全て対等」の情報管理体系に変わるのは非常に画期的なことです。中央集権型の情報管理においては、全ての情報を巨大なサーバーが集約・管理し、そこに接続を許されたクライアントがアクセスして閲覧するという方法がとられます。情報はサーバー所有者のもので、所有者の意思で改ざんが可能であり、削除することも閲覧を制限することもできます。当然、所有者の利益のために情報を利用したり、他人に供与したりすることも可能です。クライアントはそれをコントロールすることができません。そして実際に、この中央集権型の管理体系が起こすトラブルは後を絶ちません。巨大企業からのデータ流出、政治または政界の世界における誰かの利益のための情報改ざん、サーバーのダウンが引き起こす私たちの生活における不利益……誰もが体験し、目にしていることばかりです。

ブロックチェーンの特徴である「P2P」で情報を管理する場合、そこに権力者は存在しません。影響力は分散化され、情報が特定の誰かの利益のために悪用されることはなく、勝手に削除されたり閲覧を制限されたりすることもありません。ブロックチェーンにおいては、データを改ざんしようとしても膨大なエネルギーを要するため、その行為自体が無意味で、場合によっては大きな損失を伴う、という抑止力が働きます。さらに、サーバーを持たないのでシステム全体がダウンするようなことも起こりません。

以上のような特性を持つことから、ブロックチェーンの登場は「信頼革命」だとも言われています。従来は、情報をまとめる側、つまりネットワークにおけるサーバーに位置する側である国家や企業や特定の団体などに対して、私たちは根拠のない信頼を置くしかありませんでした。「国だから企業と違って潰れることはないはずだ」「大企業だから間違ったことはしないだろう」「公的機関だから信用して差し支えないだろう」といった、極めて曖昧な感覚のもとの信頼です。

しかし実際は、そこには何の担保もありません。国家が破たんすれば貨幣は価値を失います。この100年間、世界中で何度も起こっている事例の通りです。大企業も、ふとしたきっかけで倒産したり、他の企業に買収されて方向性を変えたりします。公的機関でも不正は頻繁に起こっています。人間が関わり、利益が絡んでいる限り、「100%の信頼」を寄せることができる対象など事実上存在し得ないのです。

では、ブロックチェーンはどうでしょうか。前述の通り、改ざんができず、関係が平等であり、互いに補完し合いつつ見張り合うという特性をいかし、正常に運用することで、その信頼性は限りなく100%に近づけることができます。ブロックチェーンでは、「不正を行っても誰も得をしない」という単純な原則がその信頼性を担保してくれます。法による規制も、宗教も道徳も介在せずに信頼を構築できるという点で、ブロックチェーンには「信頼革命」という言葉がふさわしいのです。

では「信頼」を必要としているものとは何でしょうか。おそらくその答えは「世の中のほとんど全て」ということになるでしょう。そして、ブロックチェーンは「世の中のほとんど全て」のシーンにおいて活用できるポテンシャルを持っています。情報を必要としているモノやコト、つまり産業・経済・文化や、医療福祉、教育や政治に至るまで、あらゆる世界に大きな変化を及ぼす可能性を秘めているのです。今後、ブロックチェーンの進化と広がりによって、全ての人が何らかの影響を受けるという予測もありますが、これも決して大げさな表現ではありません。

このように、ブロックチェーンの可能性は限りなく広がっていますが、その概念は、ブロックチェーン自体の成立を目指して生まれたのではなく、ビットコインを成立させるために誕生した、という背景を持っています。

現在、暗号通貨の代名詞的存在になっているビットコインは、２００９年に運用が開始されました。ビットコインのシステムは、その1年前、2008年にサトシ・ナカモトという謎の人物により発表されています（サトシ・ナカモトの人物像については後述）。このビットコインを成立させるシステムの中核となるのがブロックチェーンです。つまり、ブロックチェーンはビットコインが機能するための、いわゆる副次的な概念として登場したものだと言えます。しかしブロックチェーンの理論は、暗号通貨だけでなく他の分野にも簡単に応用が可能なものであり、しかも低コストで実現できるということから、多くの人々の注目を集め、研究も進められました。その後、ビットコインをはじめとする暗号通貨が破竹の勢いで価値を高め、世界中に浸透していったのは周知の事実です。

ただし、新しい技術や概念が登場した際には「誤解」も生じるもので、その誤解が技術や概念の正しい発展を阻むことがあります。ブロックチェーンも、現在同じような状況に晒されています。誤解が生じた発端には様々なものがありますが、最も目立つのが、ブロックチェーンと密接な関係を持つ暗号通貨に関するトラブルです。

暗号通貨にまつわるトラブルは今までに何度も起きており、中でも大きく取り沙汰されるのが、取引所での大量流出事件です。その最たる例が、2014年に起きたマウントゴックスの破綻や、2018年に発生したコインチェックのNEM流出といった事件でしょう。

こういった事件が起きるたびにメディアはセンセーショナルに報道し、暗号通貨の危険性を喧伝します。さらに、識者と呼ばれる人たちが登場し、暗号通貨やそれにまつわる事象に否定的な見解を示したりもします。暗号通貨やブロックチェーンに対してまだ多くの情報を持たない市井の人々は、メディアに呼応して「何か危険なもの」「良く分からない不気味な存在」という偏見を植え付けられてしまいます。そのような人たちに対しては、ぜひもう少し勉強してほしいと思わざるを得ません。

暗号通貨の流出事件を例に挙げると、事件の原因は取引所の管理体制にあり、暗号通貨やブロックチェーンには何の問題もないのです。分かりやすくたとえるとすれば、コインロッカーに保管していた現金が、泥棒に鍵を破られて盗まれてしまった、というような事例が考えられます。この場合、問題はどこにあるのでしょうか。おそらく、コインロッカーの管理者と、設計した会社、コインロッカーを設置していた場所のセキュリティ、といった点だと思われます（もちろん、泥棒の存在が一番の問題ですが）。このケースで「日本銀行券には問題がある」とか、「金融制度の欠陥が原因だ」などと考える人はいないでしょう。暗号通貨の流出事件も同じことです。盗まれた「価値」が現金だったのか、データだったのか、という違いがあるだけで、例に挙げた事例と何ら変わりはなく、事件の原因は全て「人」と「会社」にあるのです。

そのような大きな事件で世の中が混乱している間にも、ブロックチェーンそのものは、あたかも惑星の運行のように、淡々と正確に機能し続けているのです。それは事件前も、事件後も変わりません。「信頼革命」という言葉は、ブロックチェーンの運用の正確性にも当てはまるのです。

さて、ここで再び「ブロックチェーンの定義」をもう一つ設けたいと思います。それは、本書の中で語られるのは主に「パブリック・ブロックチェーン」に関してのことである、という点です。

ブロックチェーンには、大きく分類して「パブリック・ブロックチェーン」と「プライベート・ブロックチェーン」及び「コンソーシアム・ブロックチェーン」の3つが存在し、それぞれ性格が異なります。それぞれの違いについては後に詳しく記述しますが、大雑把に説明すると、プライベート・ブロックチェーンは、「管理者が存在し、ノードも管理者が決める、誰かにコントロールされたブロックチェーン」で、コンソーシアム・ブロックチェーンは、「プライベート・ブロックチェーンの、管理者が複数にわたるもの」、といった性質のものです。3者ともブロックチェーンの技術を活用しているため、しばしば同じものとして語られることもありますが、プライベート・ブロックチェーンは「全て対等」ではなく、「分散化」という面でも完全とはいえません。そもそも管理者がコントロールしている時点で、プライベート・ブロックチェーンは中央集権型の色合いが濃いものだと考えられます。コンソーシアム・ブロックチェーンについても同様です。

もちろん、プライベート、コンソーシアム共に長所があり、それを活用できるシーンもあるのですが、ブロックチェーンの最大の特徴を活用できているとは言い難いので、本書においては「ブロックチェーン＝パブリック・ブロックチェーン」という視点で語り進めていきたいと思います。

ビットコインという方程式を成立させるための変数のように誕生した「ブロックチェーン」。この考え方は暗号通貨の世界だけでなく、前述の通り金融や行政、福祉、教育など様々な分野で利用できる可能性を秘めています。また、軍事の分野では外部からのサイバー攻撃対策やシステムダウン防止策としてブロックチェーン技術が既に導入されており、むしろ暗号通貨よりも活発な運用と研究が進められている、という事実もあります。

このように利用の幅が広まっていったのは、ブロックチェーンが持つ特徴に期待感が高まっているためです。その特徴を説明する前に、ブロックチェーンとビットコインを生み出した「サトシ・ナカモト」について、その人物像を探ってみたいと思います。

ブロックチェーンを生んだ謎の人物「サトシ・ナカモト」

2008年、サイファーパンク（暗号技術の推進活動家）の一派である、「クリプトグラフィ」のメーリングリストに、ビットコインに関する最初の論文が発表されました。ブロックチェーンの概念が初めて世に登場したのが、まさにこの時です。

論文の原題は「Bitcoin:A Peer-to-Peer Electronic Cash System」というもので、図解や数式、C言語による解説などを交え、全9ページで構成されていました。第1章のイントロダクションでは現状の金融取引についての問題を提起し、その後11章にわたって、その問題をP2Pで解決するための内容を記しています。「ブロックチェーン」という言葉は登場していませんが、1万6千文字程度の文章の中にはビットコインとブロックチェーンの概念が刻み込まれており、後の世に大きなインパクトを与えることになります。この論文の作者が「Satoshi Nakamoto（サトシ・ナカモト）」です。

論文自体は至極シンプルなもので、現在の暗号通貨やブロックチェーンをとりまく過熱した状況から見ると、素っ気ないほど淡々とした文体で綴られています。しかし内容には一切の無駄がなく、ここに書かれた理論を「美しい」と評する人も多くいます。その後、暗号通貨が発展するにつれて、この論文を発表したのはどんな人物なのか、と世界中が注目するようになりました。

しかし、論文の発表から10年を経過した現在でも、「サトシ・ナカモト」がどういう人物なのか、あるいは複数の人物から成るグループなのか、そもそも実在する人なのかどうかすら判明していません。

「サトシ・ナカモト」という名前は、日本人独特のものです。過去の記事などには「中本哲史」という表記も散見されますが正式なものではありません。また、論文の、英文としての完成度からは日常的に英語を使用している人物だと推測されており、日系人や、日本人を装った英国人とする説もあります。

多くの人が、サトシ・ナカモトを特定しようと労力を払い、ようやく個人にたどり着いたという情報が何度も流れましたが、ことごとく誤報でした。「私がサトシ・ナカモトだ」と名乗る人物も登場していますが、これも根拠がないものでした。その挙句、「サトシ・ナカモトの正体はＡＩである」という俗説まで出る始末となっています。

サトシ・ナカモトに対する人々の興味は高まる一方ですが、革新的な技術を発明した人物が謎に包まれていたら、その謎を解きたくなるのは自然な心理だといえます。また、人の視線が集まるところにはメディアも群がります。さらに、巨大なマネーを動かす仕組みと過去にない新テクノロジーを考えた人を、国家や大企業はそっとしておいてはくれません。そういった煩わしさから身を守るために、サトシ・ナカモトは姿を隠している、という可能性もあります。

また、ビットコインが運用されていく上での、実利的な影響もあります。サトシ・ナカモトは、１００万ビットコインを所有していると言われています。ビットコインは２１００万枚が上限値として設定されているので、全体の約５％はサトシ・ナカモトの手の中にある訳です。もし、この全てを動かせばビットコインの相場もそれに応じて動き、全てを手放せば価値は下がります。ビットコインは今なお、彼の影響下にあるともいえるのです。ビットコインの生みの親であるサトシ・ナカモトが、意図して市場を混乱させる行動に出る可能性は低いと考えられますが、ビットコインの相場変動に一喜一憂している投資家たちにとっては、サトシ・ナカモトの動向は非常に気になるところでしょう。

話を論文のことに戻しましょう。サトシ・ナカモトは、前述の最初に発表した論文で、以下のような記述をしています。

「必要とされているのは〝信用〟ではなく、暗号化された証明に基づく電子決済システムであり、これが共通意思を持った二者間の、〝信用された第三者〟を介さない直接取引を可能にする」

この記述における〝信用〟については、前項で述べた通りです。私たちが日々依存している「信用」は、非常に曖昧な感覚のもとに成り立っており、何物にも担保されていない不安定なものです。サトシ・ナカモトも、政府や中央銀行の管理下にある貨幣そのものに不信感を抱いていたのではと推測されています。それは、引用した論文の一節にも端的に表れているように思われます。

いずれにしても現在、暗号通貨は世の中に多大な影響を与えるほどに成長し、ブロックチェーンの技術も一人歩きして、さらに進化を続けています。サトシ・ナカモトの理想が「ユートピアの構築」だったのか、「既存の価値観の破壊」だったのか、又は彼自身が優秀なエンジニアであるがゆえに「新しいテクノロジーの提唱」をしたかっただけなのか、それは誰にも分かりません。サトシ・ナカモトはいくつかの論文を発表し、ビットコインのソフトウェアをリリース、最初のマイニングを行った後、2011年に私たちの前から姿を消しました。その際に「次にやるべきことができた」といった意味の言葉を残したと伝えられています。彼が（あるいは彼らが）生粋のエンジニアや研究者であるならば、新しいことに興味が移っていくのは当然のことだともいえます。

「サトシ・ナカモトは誰なのか」という謎解きは非常に興味深いことですが、それを追うこと自体にはあまり大きな意味は無いように思えます。私たちは「サトシ・ナカモトは次に何を生み出そうとしているのか」と考えながら、ブロックチェーンの技術を正しく継承・進化させつつ、彼の再登場を静かに待つ方が良いのかもしれません。

ブロックチェーンの仕組みと特徴

アマゾンの創設者であり、CEOであるジェフ・ベゾスの言葉に、「善意は働かない。働くのは仕組みだ」というものがあります。一大サービスを築き上げた人物ならではの、重みのある言葉であり、特に、独自の社会性が足かせとなってしまうことがある我々日本人には、その意味が強烈に響いてくるものでもあります。

この言葉はブロックチェーンの基本思想にもマッチしやすく、「善意」を「信頼」と置き換えると、前述の「信頼革命」という考え方とも一致します。アマゾンが「AWS Blockchain Templates」でブロックチェーンに関するサービスを積極的に提供しているのも、おそらく偶然ではないのでしょう。ただ、ブロックチェーンが巨大企業を含めた「中央集権型」から「分散型」へと移行するためのテクノロジーであるという前提に立った時、アマゾンの存在はどうなのか、という疑問が出る可能性はありますが、その議論は控えておきましょう。ここでは、言葉の持つ力だけを引用します。

「〝信頼〟は働かない。働くのは〝仕組み〟である」という前提に立って、ブロックチェーンを構成する仕組みと、その特徴について本項では説明していきたいと思います。しかし具体的な仕組みの話の前に、ブロックチェーンがなぜ必要になったのか、という点を改めて明らかにします。

ブロックチェーンは、サトシ・ナカモトがビットコインを成立させるために開発したテクノロジーであるということは前述の通りです。従来の通貨は中央銀行や国家にコントロールされた「中央集権型」のものであり、「信頼」という不安定な担保に基づくものでした。これに対し、ビットコインに代表される暗号通貨は、特定の誰かに対する信頼に依存することなく、無駄や不正を排除し、かつ安定した動きを続けるものとして位置づけられています。

それを実現するためには、従来のサーバー／クライアント型の情報管理体制では不可能でした。全てのデータを集約・管理するサーバーは、常に誰かのコントロールの下に置かれています。その誰かが不正をしたり、個人の利益を追求し始めたりする可能性は常に存在し、情報の流出や、第三者の攻撃を受けることからも逃れられません。事実、これらのトラブルは、大小問わずほとんど日常的に起こっています。日々メディアで報道されている通りです。

サーバー／クライアント型の情報管理体制を覆すには、ネットワークに接続する者が皆平等である、という世界を構築する必要があります。そこで生まれたのがＰ２Ｐによるブロックチェーンです。

Ｐ２Ｐで構築されるネットワークでは、コンピュータは全て並列的に接続され、中央権力は存在しません。したがって、Ｐ２Ｐを採用したブロックチェーンの中では、取引の監視、承認、暗号通貨の流通、情報の閲覧などがフェアに行われます。こういった考え方のもとに、最初のブロックチェーンを組み込んだビットコインのシステムが成立したのです。

この基本思想を元に、ブロックチェーンの仕組みについての解説を進めていきます。話を分かりやすくするため、この項ではビットコインのものを例として説明します。

まず、ブロックチェーンの仕組みを、極めて簡潔に説明してみましょう。

ブロックチェーンは、取引データを記録する「ブロック」と、それを繋ぐ「チェーン」で構成された分散型台帳である。ノードと呼ばれるコンピュータがP2Pで繋がり合い、分散化されたデータ管理を可能にする。ブロック内のデータは、マイナーたちが割り出したナンスと共にハッシュ関数によってハッシュ値化され、この値を使って新規ブロックを接続する。プルーフ・オブ・ワークと呼ばれるこのプロセスを繰り返すことでブロックチェーンは拡張され、巨大なデータベースを構築する。

ブロックチェーンの仕組みを凝縮して解説すると以上のようなものになりますが、この223文字の説明で理解できるのは、既にブロックチェーンの仕組みについて勉強した人でしょう。ブロックチェーンのことを今から学ぼうと考えている人は、この時点でうんざりしてしまうかもしれません。そうならないように、以下具体的に説明します。

ブロックチェーンの仕組みは、基本的にはシンプルなものです。しかしどうしてもその概念がつかみづらい、と捉えられてしまいがちな傾向にあります。ブロックチェーンを分かりづらくしている要素には、主に以下のようなものがあります。

■データという、目に見えないものを扱っている
■専門用語が多い
■今までにない概念なので何かに置き換えて考えることが難しい

たとえば車のエンジンについて説明する時、その実体は普段は隠れていますが、ボンネットを開けて「これがエンジンです」と示すことができます。また、カットモデルなどを見せて、クランク、ピストン、バルブなどのパーツを指し示しながら機能を説明することもできます。その上で実際に運転しながら、現在ピストンが毎分5千回上下していると解説し、その時のパワーを実感してもらえるでしょう。

しかし、ブロックチェーンを説明する際に「これがブロックチェーンです」と示すことはできません。さらに、ノード、マイニングといった専門用語が難解なイメージに拍車をかけています。「従来の○○をコンパクトにしたようなイメージ」といった置き換えもできません。これらの理由により、ブロックチェーンは「何か難しそうなもの」「捉えどころのないもの」という誤解を受けることも多くあります。しかし、ブロックチェーンそのものの構造に難解な部分はなく、曖昧さもないので、本来は分かりやすいはずなのです。

ブロックチェーンをシンプルに、かつ可視的に理解するため、ここでは「貨物列車」を想像してください。

その貨物列車は各駅停車で、駅に停車するごとに新しい貨車を1両、最後尾に連結していきます。積荷は連結する時点で既に貨車に載せられており、途中で載せたり降ろしたりすることはできません。

また、各車両には車両担当者がついていて、積荷のリストを管理しています。自分の車両が連結したら、前の車両からリストを受け取り、そこに自分の車両の積み荷を書き加えてコピーを取り、後ろに車両が連結されたらそのリストを渡します。

これがブロックチェーンの基本構造で、ブロックは貨車、取引データは積荷、チェーンは連結器です。この貨物列車をイメージしながら解説を進めます。

貨物列車の例で、「積荷のリスト」というものが登場しましたが、このリストが列車の運行上重要な意味を持ちます。リストは前の車両からリレーされているため、誰かが「途中で載せたり降ろしたりすることはできない」というルールを破って、積荷を入れ替えるなど何らかの変化を加えた場合、その不正が発生した車両から後ろは全て、積荷リストと

マイニングによる記帳

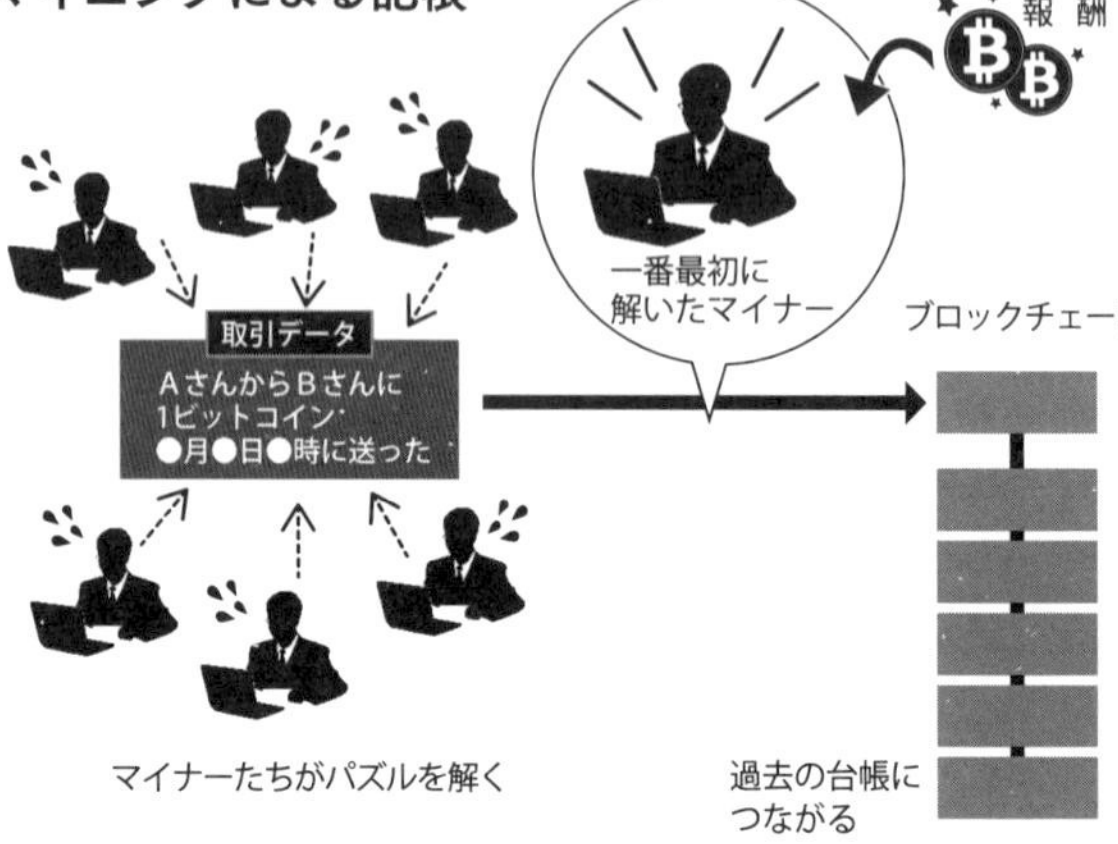

実際の荷物が一致しなくなってしまいます。そのため、リストと荷物が一致しない車両が出たら、何らかの不正行為が働いたとみなされ、そこから連結を切り離してしまいます。ブロックチェーンも同様で、データ（積荷）を保存したブロックを繋げる際に、ブロック内のデータを数値化して、次のブロックに渡す作業を行います。この値と実際のデータが一致しなければ、そのブロックの接続は行われません。これにより、ブロックチェーンは「改ざんできない」という高度なセキュリティを保つことができるのです。

この、個別のブロックを接続して「ブロックチェーン」を形成していくにあたって、重要な役割を果たす人達がいます。「ノード」と「マイナー」です。

〈ノード〉

ブロックチェーンを構成するためのP2Pネットワークに必要なコンピュータを提供する人。あるいはそのコンピュータ自体。

〈マイナー〉

ノードの中で、ブロックチェーンを繋いでいくための「ナンス」という値を割り出す作業（マイニング）を行う人。

※この「マイニング」という作業と、「ナンス」という値については少し詳しい解説が必要なので、後述します。

先の貨物列車の例でいうと、「ノード」は列車の集団管理者です。この列車は特定の鉄道会社が所有するものではなく、一般の有志が集まって運行・運営しています。管理者に加わるためには、特別な条件や資格などはありませんが、列車を運行するための資金を提供しなくてはなりません。ブロックチェーンにおいても、ノードになるために必要な条件などはありません。ただし、ブロックチェーンを運用していくためのマシンパワー、つまりコンピュータ環境を提供しなくてはいけません。この、ノードが提供したコンピュータがP2Pでつながって、ブロックチェーンを運用できる環境が生まれるのです。

また、「マイナー」は、貨物列車でいうところの、各車両の車両担当者です。車両担当者は、連結時に前の車両から積荷リストを受け取り、自分が担当している車両の積荷を書き加え、次の車両に渡します。連結がうまくいったら報酬がもらえます。これが繰り返され、積荷リストは列車が連結される数だけリレーされていきます。そして、もしリストと実際の積荷の内容に相違があれば、その相違が発生した車両は連結されず、車両担当者は報酬がもらえません。このルールにより、貨物列車の積荷は常に正確性を保ちます。つまりブロックチェーンにおける「改ざんできない」という長所になる訳です。

ブロックチェーンは、ノードとマイナーがこういった役割を務めることによって運用されています。また、運用を正しく行い続けるために、ブロックチェーンはその仕組みにおいて、多くの特徴を持っています。主に以下のようなものです。

（1）Ｐ２Ｐネットワークによって分散化されている
（2）データの高度な暗号化によってセキュリティを保っている
（3）プルーフ・オブ・ワークによって運用されている
（4）データは全て誰でも閲覧できる

この4つの特徴を持つことで、ブロックチェーンは「信頼」を必要としないシステムを実現しています。それぞれの特徴について説明します。

（1）のＰ２Ｐネットワークについては前述の通りです。従来常識だったサーバー／クライアント型ではなく、多くのコンピュータを並列的につなぐ方法がＰ２Ｐで、これによりデータ管理が一極集中ではなく分散化されることが実現し、不正や改ざんを防ぎ、他者からの攻撃を受けた際の防御力を高め、コンピュータがダウンした時にもシステム全体がダウンすることを防止できます。

貨物列車の例えで言うと、この列車はどの鉄道会社にも属しておらず、リニアモーターカーのように運転士も必要なく、誰の意思にもよらず、集団管理者である「ノード」たちの手によって走り続ける列車である、という点です。運転士のミスで事故が発生するようなことも起こりませんし、鉄道会社が倒産して運行がストップすることもありません。集団による管理なので、特定の誰かが自分の利益だけを追求することもできません。

(2)の暗号化については、公開鍵暗号と秘密鍵暗号という方式が使われています。両者がどのように使われているのかは第2章「暗号通貨」の中で解説します。これらに加え、ビットコインのブロックチェーンでは「暗号学的ハッシュ関数」というものが採用されています。ハッシュ関数は暗号化技術ではありませんが、データを高度な暗号に似た数値に変換する、という機能を持っています。この変換によって、「ハッシュ値」という結果が得られ、このハッシュ値から元のデータを復元することは、ほぼ不可能であるというのが大きな特徴です。

このハッシュ関数とハッシュ値を使ったブロックの承認・連結作業が「プルーフ・オブ・ワーク」です。

(3)のプルーフ・オブ・ワークは、ブロックチェーンを運用する上で非常に重要な作業です。

ビットコインのブロックチェーンでは、1つのブロックの生成時間が約10分間と決められているため、世界中で常時行われている取引のデータは、10分ごとに一日区切られます。ここで「マイナー」が登場します。マイナーは10分間の取引データをもとに、前述のハッシュ関数を使ってそのブロックのハッシュ値を求めるのですが、ここにルールが決められています。具体的には、「ハッシュ値の冒頭の、決められた桁数が全て0になっていなければならない」というようなルールです。普通にデータからハッシュ値を求めても、冒頭が0の連続になることは、ほぼありません。そこでデータの中に何らかの値を埋め込んで、ハッシュ値の冒頭が0の連続になるようにトライアンドエラーを繰り返します。この繰り返し作業が「マイニング」で、最終的に得られた埋め込む値が「ナンス」です。

これだけを読むと、コンピュータに自動計算させれば済むことのように思えるかもしれません。実際そうなのです。マイニング作業は、マイナーがコンピュータに求めさせているのですが、ハッシュ関数が出すハッシュ値は非常に複雑な値であるため、求められる「ナンス」にも規則性が全くなく、考えられる値をひたすら関数に投げ込んでいくしか方法がないのです。これには高性能のコンピュータをフル稼働させる必要があり、電力も大量に消費します。この作業を世界中のマイナーが行います。そして、最初にナンスを見つけた人がブロックに書き込み、ノードたちに「ブロックを生成した」と意思表示をします。ノードはそのブロックのデータとハッシュ値に整合性があるか確認し、過半数の計算能力による合意があれば、ブロックの完成です。そして、成功したマイナーにはビットコインが報酬として支払われ、次のブロックが同じ手順で連結されていきます。

ここで次のブロックを連結する際に、前に生成されたブロックのハッシュ値が書き込まれます。このハッシュ値は、前のブロックが含んでいる「2つ前のブロックのハッシュ値」と「ナンス」と、そのブロックのデータが反映された数値なので、前のブロックで何らかの改ざんが行われれば、それがどんなに小さな変更であってもハッシュ値が変わってしまいます。それを解決するには新しい「ナンス」が必要です。この連鎖が、ブロックが続く限り延々とリレーされていくので、どこか1カ所を変えたら、そこから続くブロックも全て書き換えなくてはならなくなります。しかも、ナンスを求める作業は非常に困難で、その作業を行っている間にもブロックの連鎖はどんどん長くなっていきます。つまり、ブロックチェーンの改ざんは「やっても無駄」な作業なのです。

少しややこしいですが、これがプルーフ・オブ・ワークで「改ざんできない」という大きな特徴を実現するためのプロセスです。それと同時に、報酬を伴う「マイニング」がブロックチェーンを動かす動力となっている訳です。

（4）については、P2Pならではの特性です。ブロックをつなぐ技術にはハッシュ関数を用いていますが、ブロック内のデータは、取引内容が全てそのままの状態で保存されています。これは誰でも閲覧可能です。

実際、コインチェックのNEM流出事件の時も、ブロックチェーンの中でデータが取引されている間は、犯人の動きを追うことができました。しかし、最終的にNEMが交換所に持ち込まれた際、交換所のルールが、個人の認証なしでも暗号通貨の交換が可能というものだったため、追跡がそこで途絶えてしまいました。また、大部分はダークウェブ（裏社会のインターネット）に紛れ込み、雲散霧消してしまう結果となってしまいました。これはブロックチェーンの構造上の欠陥から起こったものではなく、交換所のルール設定やセキュリティ、そしてインターネットや社会そのものに起因する問題です。

話が少し逸れてしまいましたが、以上がブロックチェーンの特徴です。これまでの解説を元に、ブロックチェーンの運用をシミュレートしてみましょう。ここでもビットコインを例にします。

（1）A氏からB氏に10ＢＴＣが送金される、B氏からC氏とD氏に5ＢＴＣずつ送金される、C氏はE氏に……といったやりとりが行われ、10分が経過する。

（2）ノードを形成するマイナーが、（1）の10分間のデータから、規定の条件を満たすハッシュ値になるための「ナンス」の割り出し作業を行う。

（3）ナンスを割り出した（マイニングに成功した）マイナーは、他のノードに対してブロックが生成されたことを知らせる。

（4）他のノードたちが、データとハッシュ値を試算して、条件に合致していれば、そのブロックを承認・追加する。

この流れによって、（1）で行われた取引はすべてブロックチェーンに加えられ、誰もが閲覧可能な情報となります。そして10分後には新しい取引データがブロック化される……という流れが続いていきます。

ここまでを読んだ上で、前述の２２３文字の説明をもう一度読んでみてください。以前より理解しやすくなっているのではないでしょうか。

以上がブロックチェーンの仕組みと特徴です。但しこれは、ビットコインに採用されている「パブリック・ブロックチェーン」の仕組みです。ブロックチェーンには、このパブリック型以外にも「プライベート・ブロックチェーン」と「コンソーシアム・ブロックチェーン」が存在します。基本構造は同じなのですが、考え方が全く異なります。3者の違いは以下のようなものです。

■パブリック・ブロックチェーン

パブリック型は、これまで説明してきたように、ブロックチェーンに管理者はおらず、誰もがノードになることができ、プルーフ・オブ・ワークのような承認プロセスで管理されているブロックチェーンです。初期の基本思想に沿って作られ、「中央集権型」に対する「分散化」のコンセプトを持っています。

ブロックチェーンの分類

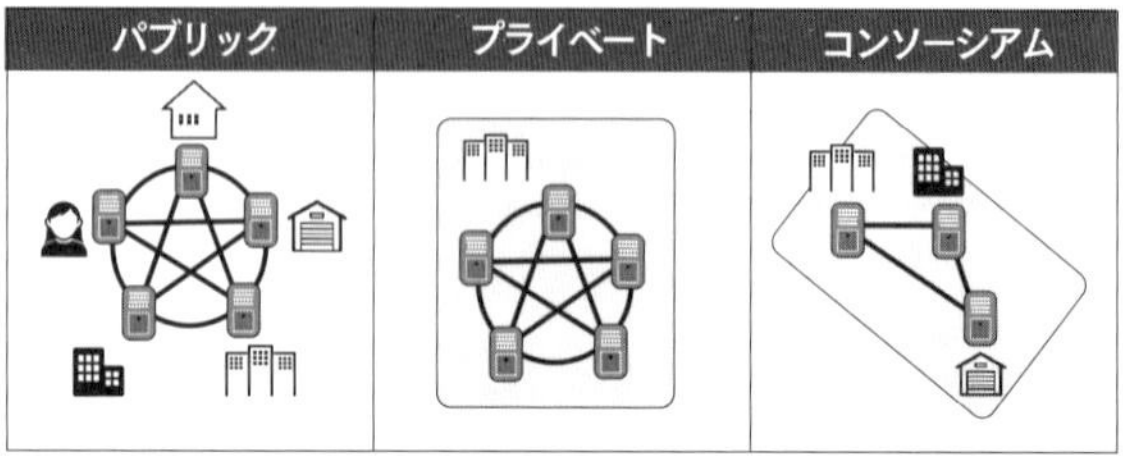

	パブリック	プライベート	コンソーシアム
管理者	なし	単独	複数
参加	自由	許可制	許可制

■プライベート・ブロックチェーン

企業など、特定の組織の管理下に置かれたブロックチェーンです。外部からの参入は排除し、ノードは管理組織が指定します。承認も管理組織の中で行われます。

■コンソーシアム・ブロックチェーン

プライベート型と似ていますが、ブロックチェーンの管理者が複数存在し、承認もその複数組織のコンセンサスをもってなされます。複数組織とは、主に関連企業やパートナー企業など、利益を共有できる相手です。

3つのブロックチェーンには、以上のような違いがあります。共にブロックチェーンの構造を持っていますが、プライベート型とコンソーシアム型については、従来の「中央集権型」と大きな変化はないように感じられます。むしろ、ブロックチェーンの「取引時間の短縮」や「仲介の省略」といった長所だけをピックアップして、中央集権の「中央」をますます肥えさせる手段となってしまう可能性を孕んでいるようにも思えます。

前述の貨物列車で言うと、例に挙げたのはパブリック型の列車で、不特定多数の集団管理者によって運行が続けられ、特定の誰かに集中的な利益をもたらすために走っているのではない、というのがユニークな点であり、走り続ける意味もある訳です。

しかし、特定の組織がこの列車の運行管理を担う場合、列車は組織の意図に沿った運行しか行わず、組織のトップから積荷を入れ替えるよう指示があれば、車両担当者は一斉に積荷を入れ替えて、リストも書き換えてしまうのではないでしょうか。

ここで、サトシ・ナカモトの論文を再び引用します。

「必要とされているのは〝信用〟ではなく、暗号化された証明に基づく電子決済システムであり、これが共通意思を持った二者間の、〝信用された第三者〟を介さない直接取引を可能にする」

不安定でリスクを伴う「信頼」をもとに、全ての取引を行っていた過去とは決別しよう、信用を超えたテクノロジーで平等かつ不正のない取引を実現しよう、というのが彼のメッセージです。そして、ブロックチェーンの潮流の根底には、常にこの思想が流れていてほしいというのが私たちの願いでもあります。

プライベート・ブロックチェーンとコンソーシアム・ブロックチェーンには、それぞれの有用性があるのですが、巨大組織がブロックチェーンを脅威と捉え、その形を変えて取り込むことで、ブロックチェーンの持つポテンシャルを骨抜きにして組織の利益をさらに集中させてしまう、といったような本末転倒の結果にならないよう願うばかりです。

ブロックチェーンの有用性

今、世の中にあるモノ・コトの中で、「データ化できる」「ファイリングするべきである」「書き換えなしの永久保存が必要だ」といったものは、全てブロックチェーンの導入が可能である、といえます。また、何か事業を始める際や、公益のためのアクションを起こす時の資金調達手段としても、ブロックチェーン技術を活かすことができます。事実、既に世界中でブロックチェーンは運用されており、着実に成果を出しています。実装に向けて検証中のブロックチェーンも、数えきれないほど存在します。

もちろん、閉鎖的小規模で行われているものなどは、従来の方法で行った方が効率が良いとか、むしろアナログの方が良い結果を望めるといった場合もあります。しかし同時に、ブロックチェーンを導入したことで大きな損失を生むようなことも、おそらくないでしょう。ブロックチェーンは従来のシステムと比較して、導入から運用までのコストが大幅に低減されているからです。

そういった導入のしやすさも含めて、ブロックチェーンが活用できる場面はあまりにも多く、その全てを紹介するのは不可能です。ここでは、ブロックチェーンが活用できるであろうと注目されている業界の、代表的な例をいくつか、４つのカテゴリーに分けてピックアップしてみましょう。

■ビジネス

〈金融〉

ビジネスの世界で、最も大きな影響を受けると考えられているのが「金融」です。ブロックチェーンは分散化された台帳であり、決済のスピードを早め、仲介を省略し、ヒト・モノ・コトをダイレクトに繋ぐ力を持っています。これらは現在、金融システムが担っていることと、ほぼ重複します。むしろ、金融システムの中で、今まで隠され続けていた「歪み」の部分を、ブロックチェーンが全て白日のもとに晒してしまったともいえます。

複雑化した金融システムの中で、我々は、取引をするたびに本来の価値より余計な支払いをしたり、本来手に入るタイミングよりも長く待たされたりしています。これに対し、原始的な経済である「2者間の交換」という行為は非常に合理的です。その場で、余計な手間をかけず、無駄もなく、確実に希望するモノが手に入ります。現在の金融においてそれを実現するのがブロックチェーンです。経済の発展の中で加わってしまったプロセス、いわば贅肉を、ブロックチェーンはそぎ落とす力をもっているのです。

ブロックチェーンによって、決済が当事者間で直接行われるようになり、価値の交換が瞬時に完了すれば、手数料も、第三者を介する無駄な時間も、取引における信頼も全て不要です。現在の金融システムが今後消滅することはないかもしれませんが、ブロックチェーンの力の前で、そのあり方を変えていくことは必要になります。

金融の現場はどう捉えているのでしょうか。ある銀行のＩＴ部門担当者に「ブロックチェーンは脅威か？」と聞いたところ、こんな答えが返ってきました。

「まだ分からない。ブロックチェーンは〝道具〟だから、誰が使うかによって性格を変える。だから私達も使えるようになっておく必要がある」

おそらくこれは率直な意見だと思います。そして今、国内の大手銀行はブロックチェーンを利用した新しいシステム開発にしのぎを削り、その間にも世界中のブロックチェーンが、金融システムを超える何かを作ろうと動き続けています。どちらにしても、既存のシステムを破壊し、再生しながら拡大するブロックチェーンを止めることは、誰にもできません。

〈企業の財務〉

また、金融だけでなく、企業の帳簿も全てブロックチェーンでの管理が可能になります。帳簿をオープンにしてブロックチェーンで管理すれば、財務諸表のミスがなくなり、会計士や税理士の手を煩わせることもありません。経理上の人件費も大幅にカットできるでしょう。しかし、これには反発する企業の方が多いのではないかと思われます。経理部門の仕事をガラス張りにするのは、企業にとって不都合が多いからです。

しかし、何も隠す必要がない企業であれば、正確性と効率を考えるとブロックチェーンでの帳簿管理にNGを出す理由がありません。これから先、ブロックチェーンで財務をオープンにする企業が登場し、続々と増えていったら、ブロックチェーンを導入していない企業は「旧態依然の管理を続けているのには何か理由があるのか」という目で見られ、融資などを受ける際に支障をきたす可能性も出てくるでしょう。それが本来の、企業に求められる透明性だとも言えます。

ブロックチェーンに対して懐疑的な企業が持っているイメージを擬人化すると、おそらく「恐ろしく仕事が速く正確だが、潔癖症で融通が利かず、トップの指示に従わない、扱いづらいスタッフ」といったものだと思われます。このイメージは完全に的外れではありません。表現を変えると「仕事が速く正確で、ミスや不正を見逃さず、犯罪をブロックし、常にブレないスタッフ」となります。このような有能なスタッフを排除する企業があるとすれば、どういった経営を行っているかは想像に難くないでしょう。

〈シェアリングエコノミー〉

インターネットを駆使した「配車サービス」が話題になり、運営会社も急成長を遂げました。創業から10年経たないうちに世界中にネットワークを広げ、いまや大企業の仲間入りをしています。このサービスはエンドユーザーとドライバーを結ぶものであり、移動手段としての車を「シェア」するという意味でシェアリングエコノミーというカテゴリーに含められています。

シェアリングエコノミーをビジネスモデル化し、短期間で展開したという点は企業として称賛に値するものでしょう。何よりも、売上高にその結果が顕著に表れています。しかし、「シェアリングエコノミー」はこれで完成されたのでしょうか?

答えはNOです。インターネット配車サービスは、エンドユーザーとドライバーを結びますが、その間に企業が入っており、システムはその企業のコントロール下におかれ、ユーザーとドライバーの双方から利益を吸収しています。従来のタクシー会社と比べると基本の形態は大差なく、むしろ「大量のアマチュアドライバーを抱えた巨大タクシー会社、のような組織」という表現の方が的確です。しかし、ブロックチェーンによる配車サービスを完成させれば、本当の意味で革命的なシェア事業が成り立ちます。

ドライバーもユーザーもブロックチェーンに登録し、ユーザーはドライバーのプロフィールやこれまでの仕事ぶりをチェック、ドライバー側はユーザーのリクエストと支払の確実さを確認します。契約はブロックチェーン上で成立し、移動というサービスを受け、目的地にたどり着いたら暗号通貨で支払いをして終了です。ユーザーは現在の配車サービスよりさらに安い運賃で移動でき、ドライバーは高いギャランティを得ます。第三者が搾取する余地はありません。実際はもっとシステマティックに、他のテクノロジーも巻き込んで成立させなければなりませんが、基本的な考え方としてはこのような方法で配車サービスが成り立ち、フリーのドライバーが自立できる環境が完成します。

他にも、ビジネスの場でブロックチェーンが革命を起こすと考えられるケースは多くあります。特に「資金調達」については既に大きな動きが起きており、それに付随する問題も発生していますが、詳しくは後の章で述べることにします。

以上、ビジネスにブロックチェーンがもたらす動きを、主な例をもとにピックアップしてみました。ブロックチェーンの技術はビットコインから生まれたものであるため、ここで述べたように金融やビジネスでの研究・導入が積極的に進められていますが、ブロックチェーン技術そのものは単体でも機能を失わず、かつ有用性の高いものであるため、他のあらゆるシーンでも有効に活用できます。

■行政

〈登記〉

例えば土地の登記があります。日本国内では、山林など一部の土地で境界問題が発生する程度で土地管理は比較的厳正に行われており、トラブルが頻発するようなこともありませんが、諸外国では深刻な問題の一つです。政府の機能が充分でない国や、紛争地域などでは、自分の土地がいつの間にか横取りされているという事例も珍しくありません。ブロックチェーンで土地の登記を行えるようになれば、誰もが「ここは私の土地である」と主張する権利を獲得できます。ブロックチェーンの運用が続く限り、国家権力であってもそれを書き換えることはできません。

〈年金〉

世の中の記憶から薄れてしまった感はありますが、２００８年、社会保険庁による年金改ざん問題が起きました。これは企業と行政機関による、ずさん極まりない年金管理の内容が露呈した事件でした。この事件で我々が学んだ通り、国も企業も間違いを起こしますし、人間がデータを処理する場面には必ず不正のリスクが伴います。我々が知らないところで企業と行政機関が結託し、国民に不利益をもたらすこともあるのです。

年金が、もしブロックチェーンで管理されるようになれば、改ざんは一切不可能となり、このような不正問題は起きません。また、国レベルでの出納も明らかになるため、現在プールされている年金の正確な金額と納入率の推移の把握、人口統計などによる将来の支給額の推計が可能になり、個人レベルで年金制度の将来を判定できるようになるかもしれません。現在、国のウェブサイトで公開されている年金支給額の試算ページなどよりも、よほど正確なものになるでしょう。そして、政治家の年金未納問題もなくなるはずです。

〈マイナンバー〉

国内で実施されている「マイナンバー制度」。この制度が存在することの是非はともかく、現在のマイナンバー制度を構成するシステムは、非常にお粗末なものであるという指摘を再三受けています。鳴物入りで登場したものの、周知が行き届いていない、未提出でも事務処理が進められる、省庁間でのデータ共有がうまくいっていない、など綻びだらけのシステムで、何のために予算を組んで導入したのか、首をかしげたくなります。

ブロックチェーンで管理すれば、このような穴だらけのシステムは無くなります。個人情報はブラックボックス化した上で、必要な相手に、必要なデータだけを提出すれば、税、福祉、医療、教育など様々な場面で、もっと意義のある活用をすることができたでしょう。我々の生活において有意義で、メリットを享受できる制度であれば、誰もが積極的に登録し、個人レベルで活用できたはずです。もちろん、運用の主体（国）がブロックチェーンのことをうまく理解していないまま導入すれば、今よりも状況がカオス化するだけです。

■文化

〈著作権〉

インターネットの登場により、我々の生活は格段に便利になりましたが、それは同時に「著作権破壊の時代」の到来でもありました。

音楽も小説も学術論文も、リリースと同時に拡散され、コピーが大量に出回り、我々末端のユーザーにとってはどれがマスターなのか全く分からない状況になってしまっています。損をするのは、アーティストや製作者、著者たちです。作り手が利益を得るシステムが崩壊すれば、文化も崩壊してしまいます。それを守るために、ブロックチェーンの導入が世界中で研究されています。

たとえば、ブロックチェーンに著作物の全部、もしくは一部をデータ化して保存し、タイムスタンプを押して権利の発生時期を確定し改ざん不能にする。コピーがあればマスターデータと比較して著作権違反だという指摘が可能になる、といったものが挙げられます。活用の仕方によって、作り手とエンドユーザーの直接取引が可能になったり、今までは遠い存在だったアーティストへの直接オーダーができるようになったりするかもしれません。

現実に、音楽のシーンではブロックチェーンで自分たちの権利を明確にしていくムーブメントが広がり始めています。作り手だけでなく、受け取る側も著作権を守ることに積極的に協力できるようになるのです。

〈公益活動〉

また、ローカルな文化財の保護や、地方再生など、公益のための活動を始めようとしても、拠出金を集める段階で長い時間がかかり、人々が疲弊し、その間にも守るべき対象は少しずつ風化していく、というような事例が多々あります。こういった問題はクラウドファンディングの登場でかなりスピードを速めることができましたが、残された問題をブロックチェーンが一気に解決できるかもしれません。これについてはＩＣＯの章で詳しく説明します。

■市民生活

前述の全てが、市民生活にも何らかのかたちで関わってくるものですが、中には実感の湧かないものもあるでしょう。生活の中で、変化を感じ取れる身近なものとしては、たとえば以下のような例があります。

〈ネットフリマ〉

スマホの流通に伴って、ネットフリマが急激に成長しました。子育て中の母親が、家事の合間に、指先ひとつで洗い替えのベビー服を1着購入するというような風景が当たり前になってきています。魅力は安さと手軽さですが、ブロックチェーンの導入で、この流れをさらに簡略化し、手数料を省くことができます。仲介会社を通さない直接売買ですが、出品者や購入者の評価もブロックチェーンに刻まれていくので、マナーの良くないユーザーは自然に排除されていきます。決済は暗号通貨で即座に行われるので、取引時間のロスもありません。条件が合えば物々交換も成り立つでしょう。文字通りのフェアトレードです。このシステムが完成すれば、ネットフリマの会社は解体するか、他の業種に鞍替えすることになると思われます。

〈商品管理〉

スーパーで食品を買うと、生産国や生産地の表示がされています。また、加工食品にも成分やカロリーが記載されたラベルが貼られています。便利ですが、それは本当に信じて良い情報でしょうか。食品業界での偽装事件は、過去に何度も発生しています。生産地に消費期限に添加物と、手を変え品を変え、企業は嘘の情報をラベルに刻印し続けてきました。レストランのメニューに「国産牛のハンバーグ」と書かれていても、実は外国産の牛肉に豚肉と化学調味料を混ぜたものかもしれません。そこに添えられたクレソンが農薬をたっぷり使う農場で育ったものだとしても、我々にはそれを調べる術がありません。

食品管理にもブロックチェーンを導入すれば、誰がどこで作り、工場でどのように処理され、何が加えられたか、そして誰がいつどのように運んで自分の元にたどりついたかという情報が、誰の目にも明らかになります。ブロックチェーンによる無言の冷徹な監視が抑止力となり、偽装をしなければ成り立たないような会社は淘汰されていくでしょう。

以上、ブロックチェーンが活用できる場面を、いくつかの例を交えて紹介しました。これらはむしろ、「活用すべき場面」と言い換えた方が良いのかもしれません。ブロックチェーンの導入で何らかのデメリットが発生することが考えられるでしょうか？　導入コストが抑えられ、不正をなくし、悪意を排除し、恒久的に運営可能である。これらのメリットを打ち消すようなネガティブ要素は無いと思われます。

ただし、ブロックチェーンとそれにまつわる事象が１００％安全という訳ではありません。人の手が介在するところには必ず何らかのトラブルが発生します。次項では、ブロックチェーンに危険性はあるのかという点と、その回避策について考察していきたいと思います。

ブロックチェーンに危険性はあるか

サトシ・ナカモトがビットコインに関する論文を最初に発表したのが２００８年。それから10年の間に、ビットコインは社会に大きな影響を及ぼすまでに成長し、何百種類もの暗号通貨が生まれ、ブロックチェーン技術も多くの亜流を生みながら拡大してきました。

ここまで、ブロックチェーンが社会にもたらすポジティブな作用を書き連ねてきましたが、新しい技術には副作用が伴うものです。ブロックチェーンも例外ではなく、その登場により、ネガティブな動きや社会からの拒否反応も起きています。代表的なものとしては以下のような事例が挙げられます。

■ブラックマーケットを助長する？

インターネットの裏社会ともいえるダークウェブでは、武器、麻薬、臓器、偽造パスポートなどの売買が行われ、反社会的な組織に資金や物資が供給されています。そこで暗号通貨が利用されているのも事実です。

マネーロンダリングの手段の一つとしても暗号通貨が使われており、大きな問題となっています。暗号通貨が裏社会を肥大化させているという意見もあるほどです。では、暗号通貨とブロックチェーンが無くなれば犯罪は消滅するのでしょうか？

残念ながら答えはＮＯです。

テロリスト集団などの反社会的な組織は、ブロックチェーンが誕生する前からインターネットで闇取引を繰り返していました。インターネットが登場する前は、社会の裏側の現実空間で暗躍していました。おそらく、ブロックチェーンが無くなれば、彼らは新しい手段を使い、あるいはひと昔前の手段に先祖返りしてでも、闇の活動を続けるでしょう。ブロックチェーンや暗号通貨が社会悪を増やしているのではなく、社会悪が利用する手段が変わってきているのであって、「暗号通貨が悪を助長する」と結論するのは短絡的です。偏った報道や記事などが、そういった傾向に拍車をかけているようにも感じられます。

しかし、反社会的集団にブロックチェーンが悪用されているというのは紛れもない事実であり、彼らの取引をより加速化させているということも、決して看過できる問題ではありません。だからといって「原因になるものはこの世から無くしてしまえばいいのでは」という不毛な問題提起をするのではなく、ブロックチェーンの正しい使い方を広めながら、悪用する者をゼロにするための方法を考えるべきでしょう。

この問題は、いわば「プロメテウスの火」のようなものです。誰も答えを見つけることができていません。

■個人情報が丸裸になる？

ブロックチェーンの世界では、取引情報が全て公開されています。これは改ざんが不可能であることなどと同様、ブロックチェーンの大きな特徴の一つです。

公開されているということは、情報が無防備になっているということです。そこには国家も企業もハッカーも、喉から手が出るほど欲しがっている無限のデータが含まれています。重要な個人情報をブラックボックス化していても、取引の全貌は全て監視可能なのです。建物の入り口にカードキーと指紋認証システムと音声認識システムで堅牢なセキュリティを施していても、壁がガラス張りならプライバシーはありません。

この問題に対しては各研究団体などでも対策が進められており、暗号通貨のZcashやイーサリアムは「ゼロ知識証明」という手法を導入して、情報の秘匿性を高めています。また、前述のプライベート型やコンソーシアム型のブロックチェーンを対策方法として挙げている団体もあります。ブロックチェーンの本来の特徴は失われますが、情報の保護がそれに勝る場合はプライベート型・コンソーシアム型も有効な手段の一つとなります。軍事利用などはまさにその典型でしょう。

■失業者が増える？

「ブロックチェーンの有用性」の項でいくつかの例を交えて述べた通り、ブロックチェーン技術は既存のシステムを破壊し、新たなネットワークを構築しながらスマートコントラクトを実現・拡大し続けています。その動きの中で、従来のビジネスのいくつかは解体され、それに携わる人々の仕事が奪われるのでは、という懸念が広がっています。

これについての答えは、YESでもあり、NOでもあると言えます。

たとえば、インターネットの普及は、物流に大きな変革をもたらしました。その影響で、どこかの町では小さな書店が消えてしまったことでしょう。しかし、別の町では小さな旅館に外国人の宿泊客が押し寄せるといった効果を生んできた筈です。結果として、我々は新しいツールの利用方法を考え、その変化に適応し、生活を向上させていっています。今の世の中で「インターネットがなくなった方が良い」と考える人は、極めて少数派だと思われます。それと同様に、ブロックチェーンがもたらす改革の中でも我々は適応し、新しいビジネスを生み出しながら、生活を向上させていけばいいのです。

■「中央集権」を加速化させるツールになる？

ブロックチェーンは、既存の中央集権型の情報管理に対して、分散化という強力な作用をもたらします。しかし使い方を間違えると（あるいは意図的にねじ曲げると）、分散化のプロセスは逆行し、中央集権をさらに加速させるツールになる可能性も持っています。

たとえば、前述のシェアリングエコノミーに、企業が支配するブロックチェーンを導入し、ユーザーを大量に取り込んだ上で、巧妙に他者の参入を排除した場合、管理者の権限はさらに強大になるでしょう。誰の支配も受けないパブリックブロックチェーンの力で対抗することもできるかもしれませんが、巨大企業の妨害の前には歯が立たないかもしれません。

ブロックチェーンが誕生した時から持つ存在理由を無視して、権力者がブロックチェーンをも支配しようとした時、そしてそれに成功した時、分散という言葉は意味を持たなくなります。だからこそ、「ブロックチェーンの存在理由」がまだ生きている現在、誰のものでもない本物の「分散型台帳」を広めて、一握りの大きな力からそれを守り、我々もまた自衛しておく必要があります。

■量子コンピュータがブロックチェーンの暗号を破る？

現在、各国で研究が進められている技術の一つとして、「量子コンピュータ」というものがあります。量子コンピュータを説明するのは難しいですが、非常に端的に言うと、従来のコンピュータが行ってきた2進法に基づくデジタル計算を、量子力学を用いることで根本から変え、計算速度を飛躍的に向上させる、といったものです。

これが実現し、現在とは比較にならない超高速計算が可能になると、ブロックチェーンの構成要素の一つである「暗号」が破られてしまう可能性が出てきます。現在使用されている暗号化技術は、「解読することが非常に困難」ではあるのですが、不可能ではないのです。

量子コンピュータはまだ実用化には至っていませんが、各国の研究機関はそれぞれに独自の成果を出しており、現在のコンピュータ技術が根本から変わる日もそう遠くはないかもしれません。その時、暗号が無力化されてしまうと、ブロックチェーンも成立しなくなります。そのため、量子コンピュータだけでなく、ブロックチェーンの「耐性」に関する研究も進められています。

実際に、現在の暗号化技術を超える超高難度暗号化技術も既に開発されており、これらは量子コンピュータからの攻撃にも耐えうると考えられています。ブロックチェーンが進化するのが先か、量子コンピュータが実用化されるのが先か、テクノロジーの超高速レースは今も続いています。

以上、いくつかの事例をピックアップしてみましたが、この他にも様々な問題が指摘されています。たとえば、「ブロックチェーンが詐欺に利用される」といったものです。これについては、後の「ＩＣＯ」に関する章で述べたいと思います。

ブロックチェーンは、その概念の誕生から10年を経過しましたが、まだ子どものような状態の中にあります。ブロックチェーンが幼いのではなく、それを取り巻く環境と、使う人間の道徳やルールが、まだ未成熟な段階にあるのです。しかし、新しい技術がもたらす影響に怯えていては、進化も向上もありません。幸い、世界中の技術者や研究者がブロックチェーンの運用に伴う危険を指摘し合っており、それをカバーする技術も次々に誕生しています。中には、危険性だけを拾い出して、ブロックチェーンのポジティブな面を丁寧に潰していこうと試みているような意見も散見されます。こういったものを見ると、医療における「ワクチン」のことが思い起こされます。

日本では、新しく導入したワクチンの接種を開始した際、わずかな副作用が出ただけでも大騒ぎになり、メディアも先を争って報道します。特に海外のワクチンが国内で認可されて導入が始まり、問題らしきものが見られた時には過剰な反応が起き、場合によっては接種が中止されることもあります。しかし仮に、感染したら千人に1人が命を失うウイルスがあるとして、ワクチンの普及で百万人に1人までその犠牲が抑えられるとしたら、副作用を恐れてワクチンの接種を中止する意味があるのでしょうか。近年では、ヒブワクチンや子宮頸がんワクチンの接種開始時にも、似たような現象が起きました。騒ぎの中で右往左往している間にも、ウイルスの犠牲者は1人、また1人と増えてしまいます。
これらは、問題が起きるとその部分だけを拡大コピーしてばらまくというメディアの報道のまずさと、日本独特の〝黒船恐怖症〟が相まって、国全体が外来種に対してアレルギーを起こしている状態だといえます。しかし、大切なのは問題そのものよりも、問題の解決方法であり、結果として全体に何がもたらされるかという点です。

ブロックチェーンは否応なしに、我々の社会に浸透してきます。すでに遅れを取っている日本が、このまま機会を逸し続けて、ブロックチェーン後進国に成り果ててしまう事態だけは避けなくてはなりません。世界の中で「テクノロジーについていけない」という状態を生むことが、最も大きな危険を孕んでいるかもしれないのです。

ブロックチェーンを成り立たせる原則

ＳＦ界の巨匠、アイザック・アシモフが『I,Robot』を発表したのは１９５０年のことでした。この傑作短編集は、ＳＦファンだけでなく、ジャンルも世代も超えて、今も世界中の人に愛され続けています。９本の作品からなるこの短編集の、冒頭からエンディングまでを通して流れるテーマの一つが、有名な「ロボット工学三原則」です。

「人類に対する安全」、「命令への服従」、「自己防衛」から成るこの三つの原則は、作品の一つひとつを彩ると同時に、現実のロボット工学にも大きな影響を与えました。さらに近年、ＡＩの普及と同時に再び注目を集めており、ＡＩ搭載ロボットにこれらの原則を実装することが可能かどうか、といった研究も進められています。

「ロボット工学三原則」が誕生した１９５０年当時、おそらく世界はロボットに夢を託し、同時に畏れのようなものも抱いていたことでしょう。そういった人々の心理は『I,Robot』の作品中にも読み取れます。だからこそ、ロボットたちには行動規範が必要だとされ、「永遠に人類の味方であれ」という願いを込めてロボット工学三原則が考案されたものと推測されます。この時代の感覚は、現在のブロックチェーンに対する人々の感覚と非常に近いのではないでしょうか。

ブロックチェーンが何かを実現するたびに、人々はその可能性に対してさらに大きな夢を託し、その反面、畏れにも似た感覚をおぼえながら、この巨大な怪物を飼い慣らそうと考えをめぐらせているように感じられます。

ブロックチェーンが誰のものでもない今、怪物が人間に牙をむくことがないよう、そして富を平等に分配し我々の生活を豊かにしてくれるツールであり続けるよう、それを操る人間の側の規範が必要になります。本章の冒頭で伝えたように、ランプの魔人ジーニーには人間の〝倫理〟が必要です。ブロックチェーンと同様、ジーニーは主人が誰かということには頓着せずその命令に従い、与えられた使命を忠実に実行します。ジーニーに「悪人の命令には従うな」と伝えたら、彼はこう聞き返すでしょう。「それは、ご主人さまの一つ目の願いですか?」。

ドン・タプスコットとアレックス・タプスコットは『ブロックチェーン・レボリューション』の中で、ブロックチェーンに求められる価値観を「7つの原則」として我々に提示しました。これはブロックチェーンに与えられたミッションを再確認する上で、非常にシンプルで分かりやすく、的を射たものです。ここでは、よりコンパクトに、かつ人とテクノロジーの調和という視点に立って、ブロックチェーンを正しく構築するための5つの原則を提示したいと思います。

JBCIAが提唱する「ブロックチェーン構築のための5原則」

1. 誰からの支配も受けない（分散と平等の鉄則）
2. 誰にも不利益をもたらさない（差別の排除、不正の抑止、搾取の根絶）
3. 利益享受を実現し続ける
4. 他のテクノロジーと調和する
5. 以上の4原則に反しない限り進化するテクノロジーであり続ける

この5つの原則は、サトシ・ナカモトが発表した論文や彼の思想を基盤とし、さらにその後継者とも言うべき多くのエンジニアや研究者たちの活動をふまえた上で、不純物を取り除き、我々の解釈を加えたものです。ブロックチェーンを正しく運用する上で欠かせない基本思想だと言えます。以下、項目ごとに解説を添えます。

1. 誰からの支配も受けない（分散と平等の鉄則）

ブロックチェーンはP2Pネットワークで実現される分散型台帳です。分散化されているのは、マシンパワーであり、データでもあるのですが、同時に権力も分散化されていなくてはいけません。

ワンマン、トップダウンといった中央集権的な決定はブロックチェーン上では許されず、関わる人全員が個々の影響力をもって全体を最適化している、という状況で合意形成が繰り返されます。別の表現をするなら、誰かの支配下で情報管理をしたいのであれば、そこにわざわざブロックチェーン技術を用いる必要はなく、従来のサーバー／クライアント型の方法を続けていれば済むのです。それでもあえてブロックチェーン技術を導入するのだとすれば、中央集権の中心にいる企業や人をさらに肥やそうとしているのか、又はその中心を見えづらくしているのか、あるいはブロックチェーンの脅威から身を守るために先手を打って、自分たちのブロックチェーンを作り、それを強大にして他の参入を許さない状況を作り上げようとしているのか、いずれにしても我々にはあまり歓迎できない目論見があるように思われます。

繰り返しますが、ブロックチェーンの根幹にあるのは「分散」「平等」という大原則であり、これを逸脱しているものに対しては、誰のために大原則を捻じ曲げる必要があるのか、という点を明らかにした方が良いでしょう。ブロックチェーンはその偏りのない平等性によって、世界の隅々までを繋ぐ取引を可能にし、貧困にあえぐ人々の家に明りをともし、チャンスに恵まれない若者に発表の場と権利を守る手段を与えます。そして、努力する人や、アイデアを持つ人には、相応の利益をもたらすことができます。分散と平等の性質が失われた時、これらの可能性も全て無に帰すことでしょう。

2. 誰にも不利益をもたらさない（差別の排除、不正の抑止、搾取の根絶）

中央権力が取引の場から切り離されたら、全てがフェアになる訳ではありません。そこで起こり得る不正や差別を排除することが必要になります。ブロックチェーンの場合、正常に機能していればこの点は懸念する必要がありません。

ブロックチェーン上では、「相手が誰であるか」は重要ではなく、「今までどういった取引をしてきた相手なのか」という点が評価されます。生まれた国や使う言語、性別、宗教、肌や眼や髪の色、現在就いている職業、学歴などは、あまり意味を持ちません。プライバシー情報はブラックボックス化することが可能で、あえてオープンにしたとしても、それらの情報が取引上の武器になるかどうかは使う人次第です。「私にはこういう取引ができる」という事実がブロックチェーン上に詳細に記録され、それがそのまま信頼につながります。

取引にバイアスがかからないのと同時に、そのデータが誰かによって書き換えられることもありません。「この人は誠実な取引をし、対応もスピーディーである」といった履歴を積み重ね、他者からの評価を繰り返し受けることが個人の価値を高めます。これを支えるのが暗号化技術であり、改ざんできないデータベースである、という特徴です。

また、従来はほとんど全ての取引で発生していた、不要な中間搾取も根絶されます。

これまで我々は、第三者の介入で取引が便利になると考え、利益の一部が途中で消えることに対して、それが正当なものなのか考えることすら放棄していました。なぜなら、それに代わる手段が存在しなかったからです。「お金を動かす時に手数料は必要」という考え方は常識として根付いていましたが、ブロックチェーンが使われる場が広がり、我々の生活にも深く関わってくる日が来たら、第三者の介入は不要になります。価値やモノのやりとりは当事者間で完結し、第三者を介して行う必要がある場合でも、今までとは比較にならないほどの廉価で取引を完了させることができるようになります。搾取という不利益からブロックチェーンが我々を守ってくれるのです。これは世界中、どこにいても変わりません。

もちろん、あえてブロックチェーンを使わない、という選択をした人々に不利益がもたらされることもありません。ブロックチェーンがもたらす利益を享受する機会が失われるだけです。

3．利益享受を実現し続ける

差別や不正のないネットワークが実現されたら、同じように差別のない利益分配が行われなくてはいけません。そこで重要になるのが、ノードたちの存在です。

ビットコインを例にすると、ブロックチェーンを構成するノードが正常な運用を支え続け、マイニングに成功したマイナーには正当な報酬が支払われています。現在、この報酬がマイナーの仕事のモチベーションとなり、ブロックチェーンを支えているのですが、ビットコインでは発行限度額が決められているため、ある時期になると新規のビットコイン発行が行われなくなり、マイナーの報酬は取引の手数料が中心になります。また、それ以前にも「半減期」という報酬減額のタイミングがあります。詳しくは「暗号通貨」の章で述べますが、この時にマイナーがモチベーションを落とさないように、かつ不要な手数料の高騰などを招かないように、分析と対策が必要になります。

これと同時に、ブロックチェーンを利用する全ての人にとって、取引において正当な価値のやりとりができるような環境を維持していかなくてはなりません。理論上ではそれが可能ですが、価値の交換が正しく行われているか、必要としている人にしかるべき利益がもたらされているか、といった点を常に見張り、取引にゆがんだ部分があればすぐにそれを排除する機能を、ブロックチェーンは持ち続ける必要があります。

4．他のテクノロジーと調和する

ブロックチェーンは、シンプルな構造を持つデータベースであり、同時に非常に高度なネットワークシステムです。こういったテクノロジーは、常に、我々の生活をより良くするために存在しているべきです。ブロックチェーンそのものは、非常に雑な言い方をすれば「良くできた台帳」でしかありません。この台帳をどう使うかは、我々が知恵を絞る必要があります。

実際に、現在急速に展開しているＩｏＴや、ＡＩ、ビッグデータ、フィンテックなどと親和性を持たせるための研究は世界中で行われ、それに伴う問題の予測も進められています。ビットコインが成立させた「自律分散組織（ＤＡＯ）」を、他の社会組織（たとえば企業や国家）に応用できないかという研究も盛んです。ＡＩとＤＡＯが国家の中枢を成立させるという考え方などはＳＦ的なようにも感じられますが、これらは全て我々の周囲で着々と進められている現実です。

こういったテクノロジー同士の融和は実際に行われていき、我々の社会生活に大きな変化をもたらします。時に痛みを伴うこともあるでしょう。そこで大切なのは、あらゆる人々を含めた「全体最適」です。テクノロジーの調和は、特定の誰かのためのものであったり、技術者の満足を目的としたものであったりしては意味がありません。人々の生活のために行われるべきものです。

5．以上の4原則に反しない限り進化するテクノロジーであり続ける

以上4つの原則をもとに、ブロックチェーンという名の列車は、「人間にとっての有用性」を動力にして走り、「倫理」をレールとして（時にブレーキとして）進み続けます。しかし同時に、ブロックチェーンがテクノロジーであることからもたらされる宿命があります。常に速度を上げていくこと、つまり「進化」し続けるということです。

ブロックチェーンを取り巻く環境では、すでに多くの問題が指摘されています。そのい

くつかは前項で触れた通りですが、これらを一つひとつ克服していくのも進化です。また同時に、次々に登場する新テクノロジーとの調和を続ける、外部からの攻撃に耐えられる性能を維持する、大量のデータ流入に対応できるキャパシティとスピードを実現する、といった多くのミッションがブロックチェーンには与えられています。ブロックチェーンを超える何かが登場しない限り、こういった進化は不可欠であり、その先にしか本当の意味での「革命の成就」はありません。

以上が、ＪＢＣＩＡが提唱する「ブロックチェーン構築のための5原則」です。

本項の冒頭で紹介した『I,Robot』では、人間とロボットの調和・不調和をテーマにしたストーリーと、圧巻のラストを通して、アシモフは新しい未来を我々に見せてくれました。しかし、ブロックチェーンがもたらす新しい未来のシナリオは、まだ真っ白です。多くの人が、そこに自分たちの未来予想図を描こうとしています。中には見るに堪えないような醜いシナリオも準備されていることでしょう。そういった悪意を阻止するためにも、ここで紹介した5つの原則に沿って、ブロックチェーンがこれからも進化のスピードを速め、幸福な未来を紡ぎ続けていくことが大切です。それは決して実現困難なことではありません。

Column 1

「ビザンチン将軍問題」とは？

ブロックチェーンに関する様々な記述の中で、頻繁に目にするワードのひとつに「ビザンチン将軍問題」というものがあります。仰々しい名前で歴史的事件のような雰囲気も漂っていますが、ネットワークにおける合意形成の問題を指す言葉であり、れっきとしたIT用語です。また、これは「ビザンチン将軍」という人物にまつわる問題ではなく、「ビザンチン帝国の将軍たちにまつわる問題」です。以下、簡単に解説します。

「ビザンチン将軍問題」は、アメリカのコンピュータ科学者であるレスリー・ランポート博士らが80年代に発表した論文「The Byzantine Generals Problem」に記載したものです。この論文の、主題になっている部分を抜粋・意訳してみます。

〝いくつかのビザンチン軍の部隊が、敵国の都市を包囲し、陣取っている状況を想像してみましょう。部隊はそれぞれの将軍の指揮下にあります。そして、将軍たちは伝令によってしか、他の将軍たちとの意思の疎通を図ることができない状態です。

将軍たちは、敵地を偵察した後に、全軍共通の作戦を立てなくてはなりません。しかし、将軍たちの中に裏切り者がいて、他の忠実な将軍たちの合意形成を妨害しようとします〟

これがビザンチン将軍問題の構成要素であり、敵地攻略において、将軍たちを悩ませているのは以下のような点です。

1．将軍は複数人いる

2．将軍たちが率いる全軍で一斉に攻撃をしないと勝ち目

はない

3. 将軍たちは信頼関係で結ばれていない（裏切りの可能性がある）

4. 将軍たちの陣地は離れたところにあり、直接の連絡ができない

これらの条件のもとで、将軍たちは全員で合意形成をしなくてはなりません。選択肢は、全軍による一斉攻撃か、あるいは全軍撤退のどちらかです。将軍たちが1ヵ所で話し合っているのであればその場で決を採れば良いのですが、敵地を包囲するためにそれぞれが離れた場所に陣取っているので、意思確認は伝令によって行うしかありません。もし将軍たちの中に1人でも裏切り者がいて、その伝令が嘘の情報を飛ばしたら、各軍は大混乱の末、敗退を余儀なくされてしまうでしょう。

このように、信頼関係が無く、直接のコミュニケーションもできない状態で合意形成を行うことは可能か、というのがビザンチン将軍問題の突き付けた命題であり、解決方法は誰も見つけられずにいましたが、ビットコインが登場した際にブロックチェーンがこの問題を解決しました。ブロックチェーンにおいて、将軍たちの関係は「P2P」です。全体の総指揮官は存在せず、個々の影響力をもって現場に関わっています。そして、合意形成は「プルーフ・オブ・ワーク」で行われます。ビザンチン将軍問題に対してビットコインが提示した解決法は、「裏切りや不正を行っても本人が損をするシステムをあらかじめ構築しておく」というシンプルかつ確実なものだったのです。

参考までに、実際のビザンチン帝国（東ローマ帝国）は、勃興したオスマン帝国と激しく戦い、オスマン軍に首都コンスタンティノープルを制圧された末、1453年に滅亡しました。実際にビザンチン将軍問題のようなことが起きていたかどうかは誰にも分かりません。しかし、ビザンチン帝国の滅亡からおよそ150年後、合意形成における裏切りによって軍が崩

壊したという事例が日本にあります。関ヶ原の戦いです。

関ヶ原の戦いでは、豊臣方の西軍と、徳川方の東軍が正面から対峙しました。毛利輝元を総大将とし、石田三成や宇喜多秀家らが率いる西軍は10万の兵力、対して徳川家康率いる東軍は7万。しかも先に布陣していたのは西軍であったため、家康の東軍はちょっと不利でした。そんな状況の中で、合戦の幕は切って落とされました。

開戦後まもなく、ビザンチン将軍問題の命題である「合意形成」に関わるような大問題が発生しました。西軍の武将の中に、動かない者が続出したのです。そのため、東軍よりも兵力が劣るような逆境に追い込まれた西軍。それでも兵たちは善戦し、家康の東軍を攻め続け、戦局は西軍有利という展開になっていましたが、さらなる裏切りが発生しました。小早川秀秋が東軍に寝返ったのです。これをきっかけに西軍は総崩れとなり、大きな犠牲を払った挙句、最後は東軍が勝利を収めました。その後、家康が覇権を手中に収めたのは歴史が示している通りです。ビザンチン将軍問題が提示した合意形成に失敗した武将たちの心中やいかに、といったところです。

（※関ヶ原の戦いについては諸説あり）

また、このビザンチン将軍問題が当てはまるのは、戦いの場だけではなく、社会においても同じです。面識のない不特定多数の人が集まり、一つの目的を達成しようとする時、通常であればリーダーを選出してその人に何らかのリスクを背負わせ、同時に特権を持たせます。「状況を判断して全員に指示を出し、結果に対して責任を持つ」「その代わりに他のメンバーより多い報酬を得ることができる」といったものです。しかしリーダー不在で事を進める場合、目標の達成が困難になります。それぞれの利害が対等にぶつかり合うためです。全員が話し合う場を持てない場合はその傾向がさらに顕著になります。結果として、そこに参加している人たちは、合意されたと思しき目標に向かっていくにあたって「皆さんを信じます」としか言うことができません。全ての人が正直者で義理に厚く、善意が正しく機能する状況であれば、うまくいくかもしれませんが、大きなリスクを伴います。

これに対してブロックチェーンでは、参加している人それぞれが個々の利益を追求します。マイナーはブロックチェーンの健全な運用という大義名分よりも、マイニングによって得られる報酬のためにひたすらマイニングを行います。不正を行なえばブロックは承認されず、報酬も得られません。バレないようにやろうとしても膨大な労力を払う必要があるため、コツコツとマイニングを続けて報酬を得る方が確実なのです。しかもその作業結果は世界中に公開され、常に見張られている状態です。こういった状況の中で、多大なエネルギーを消費してまで不正が行われる可能性はあるでしょうか。あるとすれば、国家間の紛争レベルの巨大な力が働くケースくらいしか考えられません。

ところで、日本国内における大紛争「関ヶ原の戦い」では、総大将の毛利輝元は結局出陣せず、現場はリーダー不在。さらに裏切りに次ぐ裏切りのため豊臣方の西軍は敗北を喫し、勇猛果敢な武将たちも辛酸をなめた上で歴史の表舞台から姿を消すことになりました。もし慶長5年（西暦1600年）以前にブロックチェーン並みの合意形成システムが存在していたら、戦局はどう動いていたでしょうか。日本の歴史も大きく変わっていたかもしれません。

Chapter2

暗号通貨

暗号通貨の歴史

暗号通貨の概念が発表されたのが２００８年。その1年前、我々の生活を大きく変えるような出来事がありました。「iPhone」の登場です。スマートフォンの普及でインターネットはさらに身近なものとなり、我々は24時間、どこにいても世界中と繋がることができるようになりました。そして、ビットコインの最初の1枚が発行された２００９年にはスマートフォンの普及が加速し、インターネットの爆発的な広がりに歩調を合わせるようにして、暗号通貨も社会に受け入れられていきました。

この10年の間で、暗号通貨が社会にもたらした恩恵は数えきれないほどあります。しかし同時に、新しいテクノロジーの登場にはリスクがつきものです。暗号通貨の歴史にも、事件の影がつきまとっています。

暗号通貨に関連する事件で「過去最悪」と言われるものは、不幸にも日本で起きています。２０１４年のマウントゴックス破綻、そして２０１８年1月に起きたコインチェックのＮＥＭ大量流出事件です。

コインチェック事件の顛末はすでに報道で伝えられた通りですが、流出した時価総額５

80億円に相当するNEMの大半は行方不明のままで、コインチェックは業務改善命令を受け、同年4月にはマネックスグループに買収され子会社化されました。事件の一連の流れに応じて、NEMをはじめ暗号通貨のレートも変動し、投資家も右往左往するような状況が続きました。

2018年6月現在、メディアでこれらの事件が取り上げられることは皆無に等しくなってしまいましたが、皮肉なことに事件直後の報道を通して日本国内の老若男女にも「暗号通貨」が認知され、同時に誤った認識も広まってしまいました。

日本において、暗号通貨はどのような捉え方をされているでしょうか。おそらく大半の人にとっては「投機の対象」か、もしくは「得体のしれない不気味なもの」といったところでしょう。あるいは「ITの世界が生んだ危険極まりない玩具」かもしれません。これらの認識はすべて暗号通貨の一面を表しているかもしれませんが、どれも不正解です。この機に乗じて暗号通貨の危険性を声高に訴える人達もいますが、それは包丁やナイフをとりあげて「人を刺すための道具」とか「危険極まりない凶器」と言っているようなものです。本来は生活のための道具であるということは、彼らの口から語られることはありません。

そもそも暗号通貨は、取引上のひとつのツールとして登場しました。それは誕生から10年を経過した今でも変わりません。しかし、日本国内において暗号通貨は特殊な認識をもって迎えられ、誤解の中で成立してしまいました。暗号通貨を「信じる者」は利益をひたすら追い続ける、「信じない者」はその危険性だけに着目して否定し続ける。この両極端の間の「暗号通貨の利点をうまく活用する」という人達が少なすぎるようです。そのために、暗号通貨は本来持っている機能を果たせておらず、今後もこの傾向が続いてしまうように思われます。世界では、暗号通貨を使った様々な事業やサービスが生まれ、次の動きに向けて多くの人が知恵を絞り続けているのにも関わらず、です。

取引や金融の世界におけるガラパゴス化は極めて危険です。それは世界での孤立を生むばかりでなく、テクノロジーのレースの中で取り残され、いずれは技術と情報の後進国に転落する、といった状況を招いてしまいます。すでに日本は、他国から大きく引き離されて周回遅れのようになってしまっているのかもしれません。

暗い将来を避けるためにも、まずは我々が正しい知識を持つことが必要です。この章では、「暗号通貨」というものを、総体的な現象として捉えつつ、その歴史や特徴、内包する問題や将来性などについて、主にビットコインをモデルとして述べていきたいと思います。

■誕生前夜

まず初めに言葉の定義ですが、ここでは「暗号通貨」という呼称を使います。日本では一般的に「仮想通貨」という言葉が定着しており、メディアも一様にこの呼称を使用していますが、「仮想通貨」という言葉は、広義では他の電子通貨などを含んでしまうこともあるので、より正確性を期すため、また欧米と歩調を合わせるために、「暗号通貨」という言葉で統一します。

ビットコインに代表される暗号通貨、そしてブロックチェーンの概念は、２００８年にサトシ・ナカモトが発表した論文で登場したものである、という事実は前述した通りです。参考までに、サトシ・ナカモトの論文では暗号通貨という言葉は使われておらず、「Electronic Cash System」とだけ記されていました。「暗号通貨」という呼称は、ビットコイン誕生の後に付与されたものです。

しかし厳密に言うと、「国家の統制を受けずに自由に取引できる暗号化された通貨」という考え方は、1980年代から存在していました。オランダのデジキャッシュ社による「eキャッシュ」です。

1980年代半ば、オランダの暗号技術者であるデイビッド・チャーム（デビッド・ショームなどの記述もあり）は、暗号をベースにした電子通貨「デジタルキャッシュ」に関する論文を発表しました。これは暗号化技術により二重使用を不可能にした、安全かつ匿名性の高い電子通貨であり、根本的な考え方はビットコインと非常に似ています。デイビッド・チャームは、1990年にデジタルキャッシュの「eキャッシュ」を発案。これを広めるために、デジキャッシュ社を創立。従来存在しなかった電子通貨の斬新さと利便性、将来性に人々は注目しました。

しかしその先見性もむなしく、デジキャッシュ社は、400万ドルの負債を抱えて1998年に破産してしまいます。一般の市場において、人々は、新しい電子通貨よりもクレジットカードを使うことを選んだのです。

「eキャッシュ」の登場は早すぎるものでした。インターネットの普及もまだ充分でない時代に電子通貨を広めようとしたデイビッド・チャームの先鋭的な活動は、真冬に種をまくようなものだったのかもしれません。しかし彼の耕した土壌は死んではいませんでした。デジキャッシュ社の倒産後も暗号化された通貨や電子通貨に関する研究は続けられ、多くのフォロワーたちも現れました。アメリカのサイバーキャッシュやミリセント、イギリスのモンデックスなどが続々と登場し、その多くは日本にも上陸しましたが、ことごとく失敗に終わっています。機が熟していなかったのでしょう。

そして2008年、あたかも世界中にインターネットが普及するタイミングを待っていたかのように、サトシ・ナカモトによる論文「Bitcoin:A Peer-to-Peer Electronic Cash System」が発表されます。このわずか9ページに凝縮された暗号通貨とブロックチェーンの新しい概念が、世の中を大きく変えていくことになります。

■ビットコイン始動

しかし、ビットコインのスタートは静かなものでした。一部のエンジニアや研究者、サイファーパンクやリバタリアンたちには歓迎されましたが、一般に認知されることはあまりなく、限られた人にしか理解できない新テクノロジーだったのです。また、当時はブロックチェーンという言葉もまだ生まれてはいませんでした。
そんな中、２００９年にサトシ・ナカモトが初のマイニングを行い最初のブロックが生成され、暗号通貨の歴史も動き始めます。２０１０年には、ビットコインが現実世界で行う初めての取引に使用されました。取引の内容は「1万ビットコインでピザを買う」というもので、暗号通貨の世界では記念すべき出来事として、今でも語り草になっています。参考までに、２０１８年6月10日時点で1ビットコインが80万円強なので、現在同じ行為をすれば80億円でピザを買うことになります。どんな味がするのでしょうか。

その後、ビットコインは一部の人々に支持されながらじわじわと影響範囲を拡大していきました。広がりを続ける中で、ビットコインにまつわる様々な出来事や事件が発生し、その度に人々の注目が集まって認知度を高めていきます。

■暗号通貨の認知を広めたいくつかの事件

暗号通貨は、取引に使うためのツールです。価値の交換を行うためのものなので、当然ながら暗号通貨自体も一定の価値を持つことになります。価値のあるものに人は群がり、様々なアクシデントが起きて、時には大きなトラブルや事件に発展するものも出現します。

例えば、2011年にダークウェブの「シルクロード」が摘発され、ビットコインが闇取引に使用されていることが明るみに出ました。「シルクロード」は、通常のWeb検索などではヒットしない、いわゆる「深層ウェブ」にあるマーケットです。ここでは銃器や薬物の売買をはじめ、偽造パスポートや臓器、コンピュータウイルスなどありとあらゆる違法なものが取引されており、摘発によって閉鎖された後も類似のサイトが立ち上げられ、今も闇の活動を続けています。この事例は、暗号通貨の持つ特性をネガティブな方向に活用されてしまった代表的なものでした。それと同時に、皮肉にも暗号通貨の高い機能や匿名性など、そのポテンシャルを世に示す実例となりました。

また、2013年にはキプロス共和国が財政破綻し、国の通貨が信用を落とすのに伴ってビットコインへの流入が大量に発生、ビットコインが高騰するという事態に発展しました。同じ頃、中国のビットコインニーズが急速に高まり、中国政府が人民元を守るためにビットコインの金融サービス禁止を通達するという出来事もありました。

さらに2014年にマウントゴックスのビットコイン流出事件が発生。2018年には時価総額で最大の被害となったコインチェック事件が発生。ともに社会問題として扱われ、暗号通貨の歴史上の汚点となっています。

こういった事件が発生するたびに、暗号通貨のレートは乱高下し、マスコミはこぞって騒ぎ立て、識者たちが「そら見たことか」と言わんばかりに暗号通貨を批判します。暗号通貨やブロックチェーンのことを詳しく知らない人々はこれらの情報に影響され、いつしか暗号通貨に対して偏見を持つようになってしまいます。

しかし、たとえば、「アメリカで働くボリビアの出稼ぎ労働者が、ビットコインのおかげで祖国に住む家族への送金が増えたと喜んでいる」とか、「フィンランドでは暗号通貨やブロックチェーン技術を使って難民救済を実現している」といったポジティブな事例が紹介されることは、残念ながら少ないのが実情です。相次いで起きている事件とは別の場所で、暗号通貨やブロックチェーンは多くの人の生活を改善し、チャンスを与え、さらにもっと多くの人に貢献できるよう研究も進められているのです。

2017年には、日本国内でも「改正資金決済法」（※通称・仮想通貨法）が施行されました。今後、暗号通貨を悪用して罰せられる人々が増えてくることでしょう。間違った使い方をする人に処罰が下るのは望ましいことですが、そういった暗号通貨の「影」にあたる事例だけがクローズアップされて、「光」が失われていくことのないように、社会全体で暗号通貨に対する認識を深めていく必要があります。そしてそれが、我々ＪＢＣＩＡの責務でもあります。

■ビットコインに次ぐ暗号通貨の登場

ここまでビットコインのことを中心に述べてきましたが、広く暗号通貨全体の世界を見てもテクノロジーのレースが続けられており、様々な研究者やエンジニアたちが知恵を競い合いながら、次世代を担う新しい技術の開発を続けています。そういった中で、ビットコイン誕生以降の世界を語る上では外せない、大きな出来事の一つが「イーサリアム」の登場です。

イーサリアムに関するホワイトペーパーが世界にリリースされたのは２０１３年でした。作者はロシア生まれのカナダ人であるヴィタリック・ブリテンで、当時19歳。この若き天才は、暗号通貨の世界においてサトシ・ナカモトと共に最重要人物とされる存在です。

ヴィタリック・ブリテンは17歳の時にビットコインに出会い、分散型システムというその独自性に傾倒。研究に没頭した末、ビットコインが持つ弱点をカバーし、同時に可能性を最大限に引き出す新しい暗号通貨として「イーサリアム」を考案しました。

イーサリアムの特徴は、ブロックチェーンに「スマートコントラクト」という機能を組み入れることで、通貨取引以外の契約を実現させたことにあります。このスマートコントラクトによって、ブロックチェーンは暗号通貨のためだけでなく、様々な事業において活用できるようになり、可能性が飛躍的に広がりました。

イーサリアムは、2015年に最初のブロックを生成して始動。独自の暗号通貨である「イーサ」の発行が始まりました。2016年にはハッキングによる大量盗難事件（The DAO事件）も発生しましたがそれも克服し、成長を続け、2018年6月現在、ビットコインに次ぐ市場規模を持つ暗号通貨として、世界中で受け入れられています。

さらに今後は、ビットコインが採用しているプルーフ・オブ・ワークではなく、プルーフ・オブ・ステークという手法を取り入れる予定になっています。プルーフ・オブ・ステークは、ブロックチェーンで使用している暗号通貨（イーサリアムの場合はイーサ）の保有量に比例してブロックチェーンへの影響力が変わるというシステムです。暗号通貨を多く保有している人はその価値を守るためにブロックチェーンも守る必要があるため、不正を行って自分の財産を減らすことは考えにくくなります。これによりブロックチェーンはさらに強固なものとなり、外部からの攻撃に対する防御力も高めることができます。

サトシ・ナカモトが持つ神秘性とは異なり、ヴィタリック・ブリテンはイーサリアム事業の先頭に立って世界中で活動し、メディアにもたびたび登場しているという点が対照的です。しかし彼は、その発言の中でサトシ・ナカモトについても言及し、多大な敬意を払っていることを公言すると共に、ブロックチェーンが持つ「分散型システム」という特性の大切さも強調しています。誰の支配も受けず、フェアな契約・取引を実現していこうとするその姿からは、サトシ・ナカモトの正当なフォロワーとしての姿勢も感じられます。

このような経緯を経て、暗号通貨は急速に成長を遂げ、ビットコインやイーサリアムに次ぐ新しい暗号通貨も数多く出現しました。最新テクノロジーであるとはいえ、10年の間に起きた変化はあまりにも多く、社会に与えたインパクトも非常に大きいものでした。しかし暗号通貨はまだ成熟期を迎えてはおらず、これからさらに成長を繰り返し、社会から真価を問われることになります。

次項ではそういった流れもふまえ、暗号通貨が現在置かれている状況、及び周辺で起きている事象などについて述べていきたいと思います。

暗号通貨の現況

前項で述べた通り、暗号通貨は誕生から現在までの間、まるで存在価値を確かめられるかのように、様々な試練を与えられ続けてきました。そういった流れの中で、暗号通貨、及びブロックチェーンはテクノロジーとしての進化を遂げ、社会自体も暗号通貨を受け入れようと徐々に変化していっています。

ビットコインの概念が我々の前に登場してから約10年を経た現在、暗号通貨をとりまく状況はどのようになっているのか、考察してみたいと思います。

■テクノロジーとしての進化

暗号通貨の進化を語る際、ブロックチェーンは切り離せない関係にあるので、ここではブロックチェーン技術の進化も絡めて述べていきます。

この10年の間に、暗号通貨、そしてブロックチェーンは様々な点で脆弱性を指摘されたり、発展性について研究されたりしてきました。エンジニアやプログラマーたちはその度に超人的な努力を重ね、課題を一つひとつクリアしていっています。彼らの多くは個人的な利益のためではなく、暗号通貨やブロックチェーンが持つ使命——国家や巨大権力からの支配を受けない価値の創造という使命に理想を託し、それが実現することを最高の報酬と考えて、日々キーボードを叩き続けているのです。そんな研究者やエンジニア、プログラマーたちが実現してきたものをいくつか紹介します。

・合意形成の方法

前項でも少し触れましたが、ビットコインのブロックチェーンを成立させるための「プルーフ・オブ・ワーク」には限界がある点が指摘されていました。それが顕在化したのが、2018年5月に発生した「モナコイン事件」です。

2018年5月15日、国産の暗号通貨「モナコイン」のブロックチェーンが攻撃され、暗号通貨（MONA）の時価総額で1000万円相当の被害が発生する事態となりました。この事件の特異性は、従来の暗号通貨にまつわる事件が取引所などの隙を狙ったものだったのに対し、ブロックチェーンそのものの弱点を突く攻撃だった、という点にありました。

ブロックチェーンはその生成のメカニズムから分岐（フォーク）するという性質を持っており、分岐した際にはその中から一番多くのブロックで承認が行われたもの（長いブロックチェーン）を正当なものとして判断し、その他の分岐チェーンは切り捨てるということを行っています。モナコインの攻撃者はそこに目をつけ、分岐チェーンを意図的に公開しないまま作成し、ある程度の長さになった時点でそのチェーンを一気に公開、それまで正当なチェーンだとみなされていたものを切り捨てさせるという手法で、ブロックチェーンを乗っ取るかたちの攻撃を加えました。この攻撃方法は極めて高い計算能力を持っていれば可能とされる「Block Withholding Attack」もしくは「Selfish Mining」と呼ばれるもので、理論的には起こり得ると、事件前から指摘されていました。

これはまさにブロックチェーンの「プルーフ・オブ・ワーク」が持つ限界を露呈させ、理論上可能なことは実際に起こるのだ、という事実を我々に突き付けた事件でした。さらに、同じように理論的に可能な攻撃として、ブロックチェーン生成の際の承認において過半数の悪意ある計算力によって起こされる「51％攻撃」も現実化してきた、と考えられています。

今回の事件の背景については様々な憶測が流れていますが、モナコインへの攻撃が成功したという事実は、悪意を持つ者たちに次の攻撃への確信を与えるものとなったことは間違いありません。しかしこれらの攻撃には、いくつかの対策がすでに考えられています。その一つが、前項でも触れた「プルーフ・オブ・ステーク」という合意形成の方法です。


プルーフ・オブ・ステークは、ビットコインが採用しているプルーフ・オブ・ワークをアレンジしたもので、ブロックチェーンの合意形成をする際に、マシンパワーだけによるのではなく、保有しているコインの量に応じて強い影響力を認める、という方法です。

コインを保有している人は、その価値を守ろうとします。そしてその意識は、コインの保有量に比例して高くなります。プルーフ・オブ・ステークで不正を行うと、自分が保有している価値を減らすことになるため、結果的に損をします。このロジックが不正の抑止力になる訳です。

プルーフ・オブ・ステークでは、マイニングのためのマシンパワー競争を減らすことができるため、消費電力も抑えられます。すでにピアコインなどいくつかの暗号通貨がこの

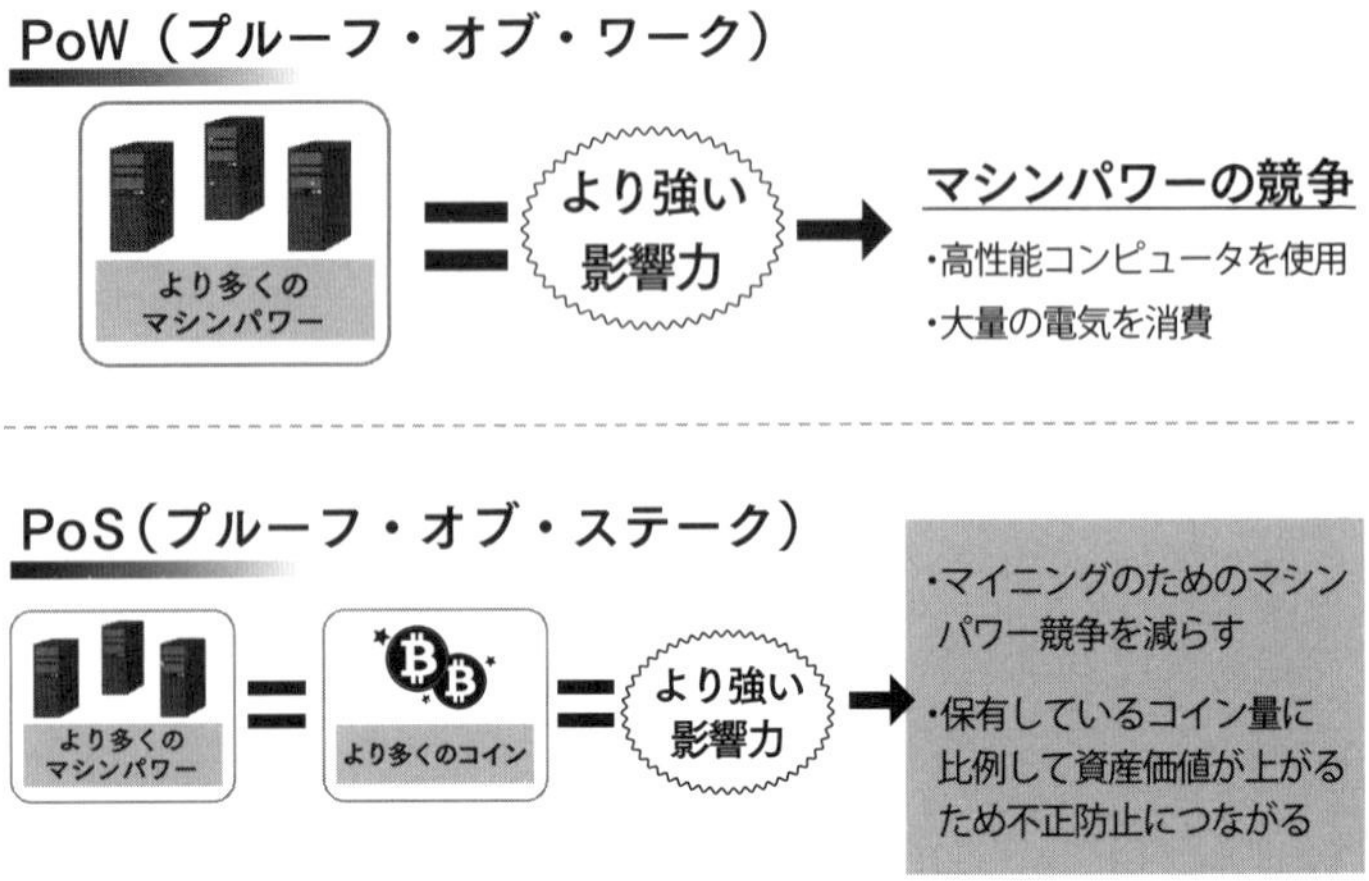

方式によるブロックチェーンを採用しており、前述の通りイーサリアムもプルーフ・オブ・ステークへの移行を表明しています。モナコインもプルーフ・オブ・ステークの導入を検討しているようですが、承認システムの移行は簡単ではなく、相応の時間がかかるものと思われます。

　ただし、プルーフ・オブ・ステークにおいても、ブロックチェーンを承認する者が無責任な行動を取った際に、間違ったチェーンが生成される危険性などが指摘されており、今後はさらに対策の強化が望まれています。そういった声に応えるべく、研究者や開発者たちは今も黙々と努力を続けています。

・容量と速度

暗号通貨を成立させるためのブロックチェーンは、巨大なデータベースであるため、進化させようとすると常に「容量」と「速度」の問題にぶち当たります。容量はブロックのキャパシティ（スケーラビリティ問題）に、速度は承認プロセスのスピードに、それぞれ直結します。それらを解決するための方法も模索されていますが、現在有効な手段の一つとされているのが「ライトニングネットワーク」です。

ライトニングネットワークは、簡単に説明すると、取引において必要なプロセスだけを取り出してブロックチェーンに書き込み、それ以外のものはブロックチェーンの外（オフチェーン）で行うというものです。たとえばA氏からD氏に送金を行うため、A→B→C→Dと4者の間で順次送金が行われた一連の取引があった場合、ブロックチェーン上には取引の最初と最後、つまりA→Dの履歴だけが記録されます。履歴上は取引のプロセスは重要ではなく、「結果」があれば充分だからです。

このライトニングネットワークは、取引の速度を上げ、スケーラビリティ問題を解決するのはもちろん、結びつきのない人の間で安全な取引を可能にし、さらに手数料の抑制と少額決済（マイクロペイメント）を実現するといった恩恵ももたらしてくれます。まだ課題は残っていますが、この手法を採用することで多くの問題が解決されるため、イーサリアムやライトコインなど、多くの暗号通貨が実装に向けての実験を重ねています。

・暗号化技術

第1章でも触れましたが、暗号通貨は誕生した時から「暗号が破られるかもしれない」というリスクを伴っています。現在使われている暗号化技術は簡単に破られるものではありませんが、絶対に破られない暗号は存在しない、というのも事実です。

暗号を破る方法を誰かが見つける、あるいはコンピュータの計算能力が飛躍的に向上して暗号を無力化できる、という日がすぐにも来るかもしれません。そういった時に備えて、多くの研究者や、サイファーパンクに代表されるような暗号技術者たちは、常に新しい暗号の開発を進めています。超高速計算を可能にする量子コンピュータに対抗する暗号化技術も国家単位での開発が進められており、日本国内でも2018年1月に情報通信研究機構（ＮＩＣＴ）が、格子理論に基づく新暗号「ＬＯＴＵＳ」の開発に成功したと発表しました。

今の時点では暗号を「守る」側に軍配が上がっています。

■市場の動向

おそらく国内では、暗号通貨にまつわる様々な事象の中で最も注目されているのが相場のことではないでしょうか。投機対象として捉えることの是非はともかく、暗号通貨には相場の話題がつきものです。この視点から見ると、暗号通貨は「金（ゴールド）」に近い性質を持っています。採掘を行って増やしていくことや、流通量が操作しづらいこと、上限値が決まっていること、異なる国家間でも価値を失わないこと、そして相場が常に変動し、政情などが危機を迎えた時に強さを発揮すること、などの共通点があるためです。

ビットコインの相場の移り変わりを見ると、誕生後の2009年10月に初めて付いた為替レートが1BTC＝約0・07円というものでした。これはマイニングに要する電力の料金から算出されたそうです。そして前項でも触れた、初めての実世界における取引「ピザ購入」が行われたのが2010年5月で、1BTC＝約0・2円。その後、キプロス危機や中国の投資家によるビットコインバブル、マウントゴックス事件による暴落などを経て、上昇・下降を繰り返した末、2017年12月には過去最高値の約230万円まで届きました。

2018年6月10日現在、国内でのビットコインの相場は1BTCあたり約80万円です。今後、徐々に相場が下がっていってある時点で落ち着くという見方もあれば、また「何か」が起こってビットコインバブルが再度起きるといった予想もあります。今後の動向は誰にも分かりません。しかし現時点では、世界で最も影響力のある暗号通貨だというのは事実です。

■個人への広まり

暗号通貨は、様々な問題や事件が起こるたびに危険性を指摘され続けていますが、同時にその有用性に対する認識は世界中に広がっています。

日本における暗号通貨のユーザー数も増加の一途をたどっており、国内最大手の取引所であるビットフライヤーは、2018年の3月時点で顧客数が200万人を突破したと発表しました。同社の顧客数は2015年12月で10万人、2017年の11月で100万人と右肩上がりに推移しており、暗号通貨ユーザーはコンスタントに増加していると言えます。

同時に、国内における暗号通貨のユーザーは、その大半が投機のみを目的としている人だと考えられます。今後は暗号通貨の持つ本質について社会全体での理解を深め、暗号通貨の活用がより広い範囲へと広がっていくことが期待されます。

■国や企業の対応

インターネットが普及する際の流れがそうであったように、新しいツールが登場すると、後追いで法律が整備されます。暗号通貨についても同様で、国内では2017年4月、「改正資金決済法」（※通称・仮想通貨法）が施行されました。同時に「仮想通貨交換業者に関する内閣府令」も出され、交換業者に関する定義が明確にされました。

改正資金決済法の主な施行目的は、以下のようなものです。

・消費者の保護
・交換業者などの監督と規制
・マネーロンダリングの防止
・テロなど反社会的活動への資金供与規制

2018年6月には、この改正資金決済法に基づいて、横浜の交換業者が暗号通貨事業から強制撤退させられることとなりました。金融庁からリスク管理体制の不備を指摘され、2度にわたる業務停止命令及び業務改善命令を受けた末、改善が見られないとして業務再開を認められず、廃業に至ったという経緯でした。国が行った交換業者の強制撤退はこれが初めてのケースで、メディアでも話題になりましたが、今後もこういった取り締まりは続くものと思われます。

また、2017年末から2018年春にかけて、国内でコインマイナーに関わるプログラムをサイトに設置したWebサイト運営者たちが相次いで摘発される、という事態も発生しました。「コインマイナー」は、マイニングを行う際に他人が所有しているコンピュータの力を借りて計算能力を高めるためのツールですが、これらの運営者たちは、自身が管理しているWebサイトの閲覧者PCに対してプログラムでの操作を行い、無許可でマイニングを手伝わせていました。この依存型マイニングを実行するプログラムがウイルスに該当する、と警察当局が判断を下し、摘発されるに至ったという経緯です。2018年6月現在、この件は係争中ですが、インターネットの黎明期と同様に、暗号通貨やブロックチェーンも急速に進歩したため法の整備が追いついていないというのが実情で、今後もこういった事例は続くと思われます。

法の整備による弱者保護、取扱い業者へのコンプライアンスの徹底、詐欺行為の防止などは、社会全体で歓迎すべきことです。同時に、法の拡大解釈による過剰な取り締まりや、権力者の横暴、新たな法の制定による規制の強化などに対しては我々が日を光らせ、時に声を上げることが必要になります。

暗号通貨は、中央集権型の情報管理を覆すものであり、かつ国家による縛りを受けない取引を実現するために誕生したものです。我々はそれを忘れずに、暗号通貨が本来持つ力を失ってしまわないよう「国家による暗号通貨の監視」そのものを監視していかなければなりません。

暗号通貨の種類

２０１８年6月現在、暗号通貨の種類は2千ともそれ以上とも言われています。数が増えると同時に多様化も進み、それぞれの特徴も複雑に絡み合っているような状態なので、暗号通貨をこれから利用しようと考えている人達にとっては、敷居が高くなってしまった観があります。

暗号通貨の進化の過程で、こういった複雑化はやむを得ないことですが、そこで暗号通貨と距離を置いてしまう人がいるのは少々もったいないような気もします。今まで述べてきたとおり、暗号通貨とブロックチェーンが我々にもたらす恩恵は計り知れないほど大きく、もしかすると、これらのテクノロジーを使いこなせるか否かで、人々の間に何らかの格差が生まれてしまうかもしれないからです。

現在の、国内における、暗号通貨に対する人々の反応を分類すると

（1）暗号通貨やブロックチェーンの仕組みを理解し、リスクや可能性も把握して利用している

（2）暗号通貨やブロックチェーンのことを充分に理解はしていないが、相場には詳しく、主に投機目的で利用している

（3）暗号通貨に興味はあるが、難しそうなので利用を見送っている

（4）そもそも興味がない、あるいは事件の報道などから危険性を感じて近寄らない

以上の4タイプに、おおまかに分けられると思います。

全ての人がタイプ1に属するようになるのが理想的ではあります。それに少しでも近づ

けるよう、分かりやすく暗号通貨の知識を伝えていくことも必要です。そのためにも、暗号通貨に対する人々の分類だけでなく、暗号通貨そのものについても、全体として捉えやすくするために分類してみたいと思います。

ただし、暗号通貨の分類については、明確な定義は存在していません。ここでは、一般的な分類で、より分かりやすいと思われるものを紹介します。

■フラッグシップとしてのビットコインと、アルトコイン、草コイン

最もシンプルな分類方法が、暗号通貨の本家と分家、つまりフラッグシップとして他を率いる存在であるビットコインと、それ以外のアルトコイン、という分け方です。

アルトコイン（オルトコイン）は、「alternative coin」が正式な呼び方です。alternativeという言葉には「何かにとって代わるもの」という意味があります。これについては、かつて80年代に音楽シーンで「オルタナティブ・ロック」（オルタナ）というジャンルが生まれたことが思い出されます。オルタナは、70年代以降、ロックシーンが商業と結びついたことに反発する若いミュージシャン達が起こしたムーブメントで、既存の音楽に「とって代わるもの」という意味を込められたジャンルです。90年代以降もその流れは綿々と受

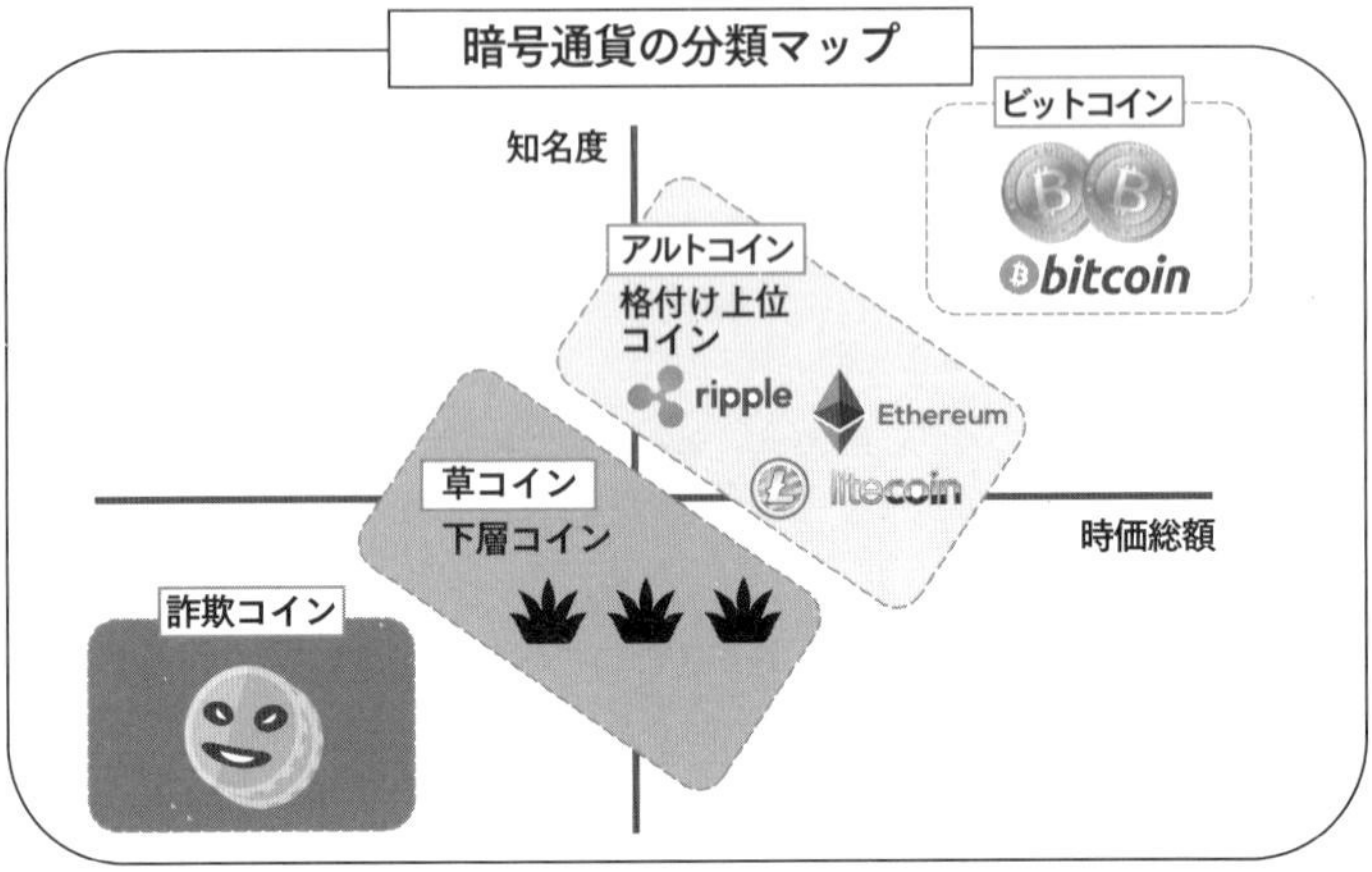

け継がれ、オルタナのスピリットは現在の音楽シーンにも生き続けています。アルトコインも同様で、暗号通貨の世界で既存の巨大なもの、すなわちビットコインに対して「それに代わるもの」という気概を持って登場しています。そして、音楽におけるオルタナ系のアーティストたちがそうであったように、アルトコインを世に送り出したエンジニアや研究者たちの多くは、暗号通貨の世界を開拓したビットコイン、そしてサトシ・ナカモトに対して敬意を払っており、同時にビットコインという巨大な存在を超えるための開発競争を続けています。

参考までに、2018年6月中旬時点での、暗号通貨時価総額ランキングトップ10は以下のようになっています。

1. ビットコイン（BTC）
2. イーサリアム（ETH）
3. リップル（XRP）
4. ビットコインキャッシュ（BCH）
5. イオス（EOS）
6. ライトコイン（LTC）
7. ステラ（XLM）
8. カルダノ エイダコイン（ADA）
9. アイオータ（MIOTA）
10. トロン（TRX）

この後に、数千もの暗号通貨が連なることになる訳ですが、「アルトコイン」という視点での分類でみると、1位であるビットコイン以外は全てアルトコインです。

ところで、このアルトコインの中にも格付けのようなものがあり、下層に位置するものは「草コイン」とも呼ばれています。ここでいう下層とは、ずばり市場における価値がない、ということです。「ここからが草コイン」という線引きはできないのですが、投資家が見向きもしない暗号通貨、といったあたりが一つの基準になると思われます。

ちなみに「草コイン」という言葉について説明すると、これは元になった英語が「shitcoin」であり、この言葉自体が「bitcoin」にかけた少々下品な洒落なのですが、これをそのまま日本語に訳すと表向きに使いづらい言葉になってしまうため、洒落に洒落を重ねて「草（クサ）コイン」という言葉が俗語として生まれ、その呼び名がそのまま広まってしまったようです。一説には、ネットで使われる笑いの記号の「w」、つまり〝草が生える〟が転じて、笑えるほどに価値が無い、という意味を持つとも言われています。いずれにしても、スラングがそのまま表に出てきて定着してしまった一例です。

このように、価値がほとんど無いと言われる草コインですが、一攫千金を夢見る投資家が草コインに資金を投入する例もあり、中にはごくまれに急騰する草コインもあります。しかし相場は非常に読みづらいので、投資対象に向いているとは言えません。

最後に、アルトコインでも草コインでもなく、何の役にも立たないどころか弊害しかないようなコインも存在します。いわゆる「詐欺コイン」です。昨今問題になっているのは、実現する見込みのない事業や、架空のプロジェクトを打ち立てて、賛同者を募った上で独自の暗号通貨（トークン）を大量に売りさばき、その後に全てが立ち消えになるというＩＣＯ詐欺です。これについては次章で詳しく述べたいと思います。

また、市場価格を意図的に上げるように操作して、その後に売り逃げる「パンプアンドダンプ」や、マルチ商法まがいの暗号通貨販売、存在しない暗号通貨を売りつける手法など、過去のあらゆる詐欺と同様のやり方が暗号通貨の世界にも浸食してきています。ただ、これらは「詐欺コイン」というよりも「コイン詐欺」と表現した方が正しいと思われます。こういった行為を行う犯罪者たちにとって暗号通貨はあくまでも手段の一つであり、他の有価証券や実体のある商品でも同じ手法で詐欺を行うからです。ある意味原始的であり、かつ今後も無くならないであろう詐欺の代表的な形態ですが、インターネット上で見られる情報などでは広く「詐欺コイン」とまとめられているケースもあります。この区別は慎重にしていただきたいと思います。

■暗号通貨の持つ機能や特性による分類

前項では、ビットコインとアルトコインという分類について述べましたが、アルトコインの数が大量に増えてそれぞれに存在感を持っている今、「ビットコインとそれ以外」という考え方自体が古くなってしまっているのかもしれません。むしろ暗号通貨を理解するには、それぞれがどのような機能を与えられて（あるいは社会に求められて）存在しているのか、という視点で分類した方が分かりやすいといえます。

暗号通貨の機能を大まかに分類する場合、前述の時価総額ランキングで上位3位に入っている暗号通貨の、それぞれが持つ特徴を見ていくと、以下のような違いがあります。そして、現在流通している暗号通貨のほとんどが、いずれかのタイプに当てはまります。

・ビットコイン（BTC）＝決済の手段

ランキングで不動の1位を維持し続けているビットコインについては、これまでも色々と述べてきました。ビットコインの機能・特徴を整理すると次のようなものになります。

・管理者のいない分散型（P2P）ネットワークである

・取引の内容を全てブロックチェーンに記録していく
・プルーフ・オブ・ワークによって正しい運用が保たれている
・上限値（２１００万ＢＴＣ）が決まっている

これらの特徴のもとで、ビットコインは通貨としての信頼を構築しつつ、価値を持続しています。価値と信頼があるから、決済の手段として活用されます。くだけた表現をすると、「ビットコインは買い物に使える」ということです。前述のランキングでいうと、４位のビットコインキャッシュ、６位のライトコインも、ここに分類されます。

それでは、他の暗号通貨はどのように違うのか比較してみましょう。

・イーサリアム（ＥＴＨ）＝取引と情報の記録

イーサリアムは、ビットコインの後を追って誕生し、機能面をさらに充実させる方向で進化し続けています。その最たる部分が「スマートコントラクト」を可能にしたという点です。

スマートコントラクトでは、価値が移動したという情報だけでなく、その契約内容や、契約がきちんと締結されたという事実、契約内容の履行状況までをブロックチェーンに保存することができます。これにより契約の自動執行が可能になるのです。現在でも、たとえばローンの引き落としなどコンピュータによって契約内容の執行が自動で行われているものもありますが、スマートコントラクトでは、より正確で迅速な執行が可能になり、締結、更新、確認などといった手続きにおいても当事者が手を煩わせる必要はなく、ブロックチェーン上で、あらかじめ決められた内容通りに行われます。

この特徴は、暗号通貨での取引に限らず、他の事業や文化、社会生活においても活用できるものであるため、多くの企業が注目し、イーサリアムのプロジェクトにも複数の巨大企業が参加しています。

このような、「開発用ツール」としてのブロックチェーンを持つ暗号通貨は増えつつあり、前述のランキングの中では5位のイオス、9位のアイオータなどが該当します。

・リップル（XRP）＝価値の送信

リップルの大きな特徴の一つとしては、ブロックチェーンを用いず、分散型台帳技術（DLT）方式を採用している、という点が挙げられます。これは、リップルの発行しているＸＲＰが、送金という機能に特化した暗号通貨であるためです。

ブロックチェーンを採用した暗号通貨では、多くの場合においてプルーフ・オブ・ワークのプロセスが必要になってくるため、取引の承認速度が一定せず、時に遅くなってしまうこともあります。また、従来の方式より格段に安くなったとはいえ、手数料も発生します。スピードとコストは、金融など価値を送る機会の多い業界にとっては、常にやっかいな問題です。

リップルは、価値（ＸＲＰ）をいかに早く正確に、かつローコストで相手に送るか、という点を最大公約数として世界中の銀行と提携しています。それゆえに、ブロックチェーンではなくあえてＤＬＴ方式を採って、とりわけ〝金融〟という面において力を発揮できるように設計されています。

反面、ビットコインやイーサリアムと比較すると、中央集権的だともいわれます。ＸＲＰの運用は、選ばれたものによって認証を行う、Ripple Protocol Consensus Algorithm（ＲＰＣＡ）という独自の認証方法に基づいており、リップル社や、運営中核団体が何らかの意思を強力に働かせることがあれば、ＸＲＰもその意向を反映させた動き方をします。

しかし、それでもリップル（ＸＲＰ）が支持されているという事実は、ランキングを見れば分かる通りです。各国の主要銀行を味方につけ、これからも開発を進めながら、さらに地盤固めを進めていくものと思われます。このリップル（ＸＲＰ）に類する暗号通貨としては、ランキングに登場している中では7位のステラが挙げられます。ちなみに、ステラはリップルをベースに開発された暗号通貨で、ＸＲＰのように巨大組織や企業向けでなく、個人向けのスペックで作られています。

以上、暗号通貨をより分かりやすくするために、2種の分類法を提示しました。もちろん、暗号通貨は複雑な背景を持っているため、他にも色々な視点から分類することができます。単純に国や経済圏で分けることも可能であり、ブロックチェーンの特徴をもとにカテゴライズする、という方法もあります。

大切なのは、今や誰も正確な数を把握していないほどまでに増加した暗号通貨を、自分はどのように利用するのか、そのためには何が必要なのか、ということを分析し、大量に存在している情報の中から必要なものだけをピックアップすることです。そして、暗号通貨の持つそれぞれの特徴を理解した時、その一つひとつに「個性」のようなものが見えてきたり、開発者の思い入れが伝わってきたりして、実体のないテクノロジーとしての暗号通貨が、少しだけ身近なものに感じられてくるかもしれません。

暗号通貨の機能

以前、取引所がハッカーに攻撃され大量の暗号通貨が流出した際、一部でこういったジョークがささやかれました。

「仮想通貨が盗まれた。被害は仮想ではなく現実だった」

少々皮肉の匂いが感じられるフレーズですが、「仮想通貨」という呼称が一般化したために招いたネガティブな一面を表しているとも言えます。本書では「暗号通貨」という呼称で統一していますが、暗号通貨は現実世界で通用する価値を持つものであり、通貨として持つべき機能を与えられています。

「暗号通貨には通貨の機能がある」と言葉にすると当たり前すぎるようですが、そもそも通貨の機能とはどういったものなのでしょうか。少し整理してみましょう。

■通貨の持つ機能について

通貨には、一般的に以下の3つの機能があるべきだとされています。

・「価値の交換」を行う機能

モノやサービスを交換する、もしくはそれらを手に入れる際に対価として支払うための、手段としての機能。

・「価値の尺度」としての機能

モノやサービスにどの程度の価値があるかを示す、単位としての機能

・「価値の保存」をする機能

価値を大きく変えずに、将来に向けて保存しておくための機能

これらは、「通貨の3大機能」と呼ばれています。この機能の意味を、さらに分かりやすくたとえてみましょう。

経済が誕生したはるか昔は、通貨も金融システムも存在しませんでした。全てが物々交換で成り立っていたからです。しかしそこに不都合が生まれました。たとえば「今年は麦が豊作だった。余った分を米と交換したい」というA氏に対し「麦はぜひとも欲しい。しかし米の収穫はまだずっと先だ」というB氏がいるような場合です。

この場合、最も手っ取り早いのが「約束」です。「米が収穫できたら分け与えよう」とB氏が誓いを立てる訳ですが、約束が必ず守られる保証はありません。また、洪水や台風で稲が全滅し、約束を守ることができなくなるかもしれません。そういったトラブルを避けるため、何かを媒介して取引することが必要になります。そこで登場するのが「通貨」です。

通貨は、ある特定のコミュニティの中では一定の価値を持ち、それはコミュニティの中での共通認識となります。A氏・B氏は通貨を所持するという「価値の保存」をしておき、麦が欲しいB氏は、A氏から麦を受け取る代わりに対価としての通貨を渡します。これで「価値の交換」が一旦完了します。この時、渡される麦に対してどのくらいの通貨が必要なのか取り決めが行われ、通貨は「価値の尺度」としての役割を果たします。

取引の結果、A氏の保有する通貨は増え、B氏の通貨は減ります。秋になり、B氏の米が収穫できたら、A氏は米を手に入れるための通貨をB氏に渡し、B氏は米を失う代わりに通貨を手に入れます。2度の価値の交換によって、時間のズレが克服され、米と麦の交換取引が成立した訳です。

しかし、A氏とB氏が通貨を保有していなかった場合は交換ができません。その時にはC氏が登場し、「私が持っている布とA氏の麦を一旦交換し、その麦はB氏に渡そう。B氏は米が収穫できたら、予定していた量より少し多めに私にくれればよい。そこから私の取り分を差し引いて、残りの米とA氏の布とを交換しよう」と提案します。これで問題は解決です。あるいはC氏が「B氏の約束は私が保証する。もし約束を破ったら、私が代わりに布を差し出そう」と取引の保証をし、B氏からお礼の分だけ米をもらうという方法もあるでしょう。これが「金融」の原形です。金融システムの誕生と発展により、いつの間にかA氏とB氏が直接取引をすることはなくなりました。A氏は、米を持たないC氏とやりとりをして、米を手に入れるという目的を達成します。しかし、A氏が受け取る米は、期待していた量よりも少なくなってしまいました。B氏が差し出す米も、予定より増えてしまっています。

さらにこの場合、C氏が常に誠実だとは限りません。麦を途中で間引きしてB氏に渡すかもしれませんし、法外なお礼を要求するかもしれません。

それでは、通貨の取引の方が安全かというと、それも正解ではありません。通貨には発行主体があります。通常は国や中央銀行です。その国や中央銀行からの力が加わったり、舵取りを誤ったりして、通貨そのものが本来の価値を失うこともあります。そうなると、もはや取引は成立しません。こういった視点から見ると、物々交換（等価交換）という方法は原始的でありながら、非常に合理的だといえます。その場で、余計な手間もかけず、無駄もなく、確実に希望するモノが手に入るからです。

もうお分かりかもしれませんが、現在の社会においてそれを実現するのが暗号通貨とブロックチェーンです。経済の発展の中で加わってしまった余計なプロセス、いわば贅肉を、暗号通貨とブロックチェーンがテクノロジーの力でそぎ落としてくれます。暗号通貨による取引では、仲介人による搾取は行われず、発行主体の失策などによる価値の崩壊も起こりえません。決済が二者間で行われるようになり、価値の交換が瞬時に完了すれば、現在稼働している金融サービスにおける手数料や、第三者を介する無駄な時間が省けます。

これから先も、金融システムそのものが無くなることはないかもしれませんが、暗号通貨とブロックチェーンの力の前で、現行の金融システムが時代遅れとなり、そのあり方を変えていくことは必要になってくるでしょう。つまり暗号通貨は、通貨としての基本機能を持ちながら、よりシンプルかつ確実にその役割を果たすことができる、現行通貨を超越した通貨なのです。


ただし、暗号通貨はまだ歴史が浅いため、通貨としての機能において未成熟な部分も持っています。特に「価値の尺度」という機能については、相場の変動が激しい暗号通貨も多いため、取引において不安定さがあるという面も否めません。そのために暗号通貨が「投機」の対象として見られがちであるという事実もあります。しかし本来、暗号通貨は一攫千金を狙うための対象ではなく、じっくり育てていくもの、つまり「投機」ではなく「投資」の対象であるべきなのです。

こういった問題は、これから暗号通貨が歴史を刻んでいく上で徐々に解消され、さらに機能性を高めていくものと考えられます。なぜなら、暗号通貨が持つ有用性は誰もが把握しており、それを不便なまま、あるいは高いリスクを抱えたままで運用を続けていくほど、人々は愚かではないからです。

■暗号通貨の使い方

本項では、暗号通貨が持つ基本的な機能を述べてきました。ここからは、その基本機能をふまえて、実際に暗号通貨を取引のツールとして使う上での具体的な方法を紹介していきます。

・暗号通貨を入手する

暗号通貨を入手する手段は、大きく2つに分けられます。ブロックチェーンの運用に関わって報酬を得る方法と、自分で購入する方法です。

厳密には、暗号通貨での寄付を募ったり、インターネットで何らかの活動報酬を暗号通貨で得たりすることも可能ですが、一般的な方法ではないため、ここでは省略します。また、ブロックチェーンの運用に関わること、つまりマイニングの報酬として暗号通貨を得る方法なども専門的な話になってしまうため割愛します。ここでは、誰もがすぐに実践可能な、自分で購入する方法について、ビットコインをモデルに説明します。

暗号通貨を自分で購入する際に、最も一般的で簡単な方法は、取引所の利用です。取引所で暗号通貨を購入する場合は、（1）ウォレットを用意する（2）取引所に口座を開設する（3）購入、という3ステップで完了します。

（1）ウォレットを用意する

ウォレットは、自分が所持する暗号通貨を保管しておく場所です。取引所に管理を任せるものや、自分のPCに落とし込むもの、USBスティックメモリのようなハードウェアウォレット、秘密鍵を紙に印刷するペーパーウォレットなどの種類があります。それぞれ利点もリスクも異なるため、保持したい額や環境、使い方などをふまえて決めると良いでしょう。

（2）取引所に口座を開設する

取引所での口座開設は、通常の場合インターネットで手続きが完了します。必要なものはメールアドレスと住所、電話番号、国籍などの基本情報、及び免許証やパスポートなどの身分証明書程度です。開設までの手続きは、ほとんどの取引所で数分程度あれば完了します。

（3）　購入

この2つが終わったら、あとは取引所の口座に購入資金を入金すれば、その金額範囲内で暗号通貨の購入が可能になります。クレジットカードでの購入も可能です。ただし、口座開設や購入プロセス、手続きに要する時間などは取引所によって異なります。事前に取引所の情報をよく調べて、信頼のおけるところを利用するようにしましょう。

また、暗号通貨は取引所を介さずにＡＴＭで購入することも可能です。国内ではまだ端末の設置が少ない状況ですが、外国人観光客などのニーズがあることや、国内での流通がさらに広まった場合に必要とされることを考えると、今後はＡＴＭの設置も増えていくものと思われます。

・暗号通貨による送金

暗号通貨を入手したら、世界中との取引が可能になります。必要なものは自分のウォレットの秘密鍵と、相手の公開鍵です。

公開鍵は、銀行における口座番号にあたります。暗号通貨をここに送金してほしい、と指定するためのもので、公開鍵からウォレットアドレスが識別されます。また、秘密鍵は暗証番号のようなものであり、自分のウォレットからお金を移動させる際に必要です。これは自分以外の人には絶対に知られてはいけません。また、秘密鍵を忘れてしまったら、銀行のように再発行はできず、そこに入っている暗号通貨は使えなくなってしまいます。実際に秘密鍵を忘れてしまったために、大切な暗号通貨を失った人が数多くいます。もちろん、秘密鍵を盗まれてしまったら、自分がそこに保有している暗号通貨を自由に使われてしまうことになります。

暗号通貨送金の際には、まず相手先の公開鍵（アドレス）を入手します。アドレスは数十にもなる文字の羅列であるため、ＱＲコードで読み取るなどの方法が一般的です。取引所からの送金の場合は、暗号通貨の種類を選び、送金金額を入力し、手数料の設定をします。送金を急ぐ場合は手数料を高く設定すると、優先的に処理がピックアップされるため送金処理が早く完了します。以上の設定を終えて送金指示を出せば、手続きは終了です。

暗号通貨の送金は、以上のように非常にシンプルですが、手続きにミスがあり、たとえば送金先のアドレスを間違えた場合などは、完了した処理を取り消すことがほぼ不可能です。大きな額を動かす場合には、少額でテストをした上で実処理を行う、あるいは分割して処理を行うといったことが推奨されています。

■通貨を超えた資金調達手段としての機能

暗号通貨は、取引の手段としてだけではなく、資金調達のための手段としても活用されており、その機能は既に世界中に認知されています。その方法がＩＣＯです。

ＩＣＯは、ＩＰＯ（新規公開株）やクラウドファンディングを超える資金調達手段として注目され、現在は数多くのＩＣＯが実際に稼働し、資金調達が行われています。このＩＣＯにより、今まで実現が困難だった事業が可能になったり、経済の未発達な地域で新たなアクションを起こす人達が現れたりと、社会に変革が起こりつつあります。同時に、ＩＣＯはまだ整備が行き届いていない面が多く、詐欺やトラブルなど多くの問題も起こしています。

次章では、このＩＣＯについて、その成り立ちや機能、注意点などを述べていきたいと思います。

Column
2

マイニングは誰にでもできる？

第2章で述べた通り、暗号通貨を入手する方法として最も一般的なのは、取引所での購入です。ウォレットを作ればすぐに希望の銘柄の暗号通貨を入手することができます。それ以外の方法としては、マイニングで得られる報酬があります。

ブロックチェーンでマイニングに成功すると、報酬として発行されたばかりの暗号通貨が手に入ります。マイニングで行う内容は、ブロックをつなげていくのに必要なハッシュ値を算出するためのナンスを求める、というものです。コンピュータで数字の謎解きをして正解を見つけ出すだけで、対価なしに暗号通貨がもらえるのであれば、誰だってマイニングをするはずですが、なぜそうならないのでしょうか。

結論から言うと、ナンスを求めるのは非常に難しい作業であり、そのための知識と設備費とランニングコストが必要になる、という理由のためです。現在稼働しているマイナーたちは、こういったハードルをクリアしてきた強者ばかりなので、対等に渡り合おうと思っても歯が立たないのです。

たとえば、ビットコインのマイニングを始めるとしましょう。メジャーな暗号通貨にはマイナーも多く集まるため競争率が高く、マイニングをしようと思ったら、高性能のマイニング専用マシンが必要になります。ちなみに、一般的なオフィス用PCでビットコインのナンスを見つけようと思ったら、数万年～数十万年かかるという試算もあります。PCの耐久性はおろか、人類の存続すら怪しいほどの年月です。そんなに長くは待てない、ということで多くのマイナーたちに使われているのが「ＡＳＩＣ」と呼ばれるマイニングマシンや、「ＧＰＵ」というゲームなどに使われる演算処理装置ですが、それらの高価な機械をいくつも揃えなくてはなりません。しかもこういった機器はマイニングする際に電気を大量に消費します。また熱の放出も多いため冷却装置も必要です。システム全体を構築するためのスペースやラックも準備しなくてはなりません。なおかつ、マイニングに成功しなくてもランニングコストは確実にかかってきます。このあたりまで説明すると、大抵の人はマイニングに対する熱意を失ってしまいます。

個人だけでなく、企業にとってもマイニングを成功させるための条件は過酷です。しかし同時に、暗号通貨はどんなハードルも乗り越えたいと思わせるほどの魅力を持っています。そこで、こういった条件をクリアする場所として、近年人気が集中しているのがスイスです。スイスは電気代が安く、気温も比較的低い上、暗号通貨に好意的な国であるので、マイナーたちが多く集まっています。

海外ではなく国内でマイニングを行いたいという場合、コストの面で都市圏は不向きです。マイニングを専門に行う企業は、より電気代の安い地方を選び、倉庫などを借りてそこに数百台~数千台のマイニング専用マシンを並べて、マイニングを行っています。

このように、マイニングを行うことで安定した利益を出そうと思ったら、企業を立ち上げるのに匹敵するようなマンパワーが必要になるのです。「ひとつマイニングでもやってみるか」というような気軽な感覚では、とても始められません。専門知識はもちろん、相応のお金と労力も必要とされる「ソロマイニング」ですが、個人のマイニングが完全にシャットアウトされている訳ではありません。以下のような方法があります。

■プールマイニング

個人だと、億単位の金を動か

Column2 マイニングは誰にでもできる？

しているようなマイニング企業にはかないませんが、個人の力を集めて企業に匹敵するようなマシンパワーを築くことは可能です。それを実現しているのがプールマイニングです。

プールマイニングの特徴は、複数のマシンパワーを集めてマイニングを行うのと同時に、報酬も提供された計算力に応じて分配する、という点にあります。この方法であれば、ソロマイニングと比較して軽装備でマイニングに参加できますし、プールマイニングが行われる場所（マイニングプール）に集まったマイナー全体の計算力が高ければ、おのずと成功率も上がり、安定的に報酬を得ることが可能になります。ただし、報酬額はソロマイニングと比べると安くなります。

■クラウドマイニング

最も簡単に、誰でもすぐに始められるのがクラウドマイニングです。これは、マイニング自体は行わず、他の誰かが行うマイニングに対して資金援助をして、その対価としてマイニングが成功した時の報酬から分配を得るという方法です。自分自身にはマイニングの知識がなく、マイニング機器がなくても、PCかスマートフォンがあればすぐに始められます。

株式投資の方式に似ていますが、クラウドマイニングを行っている会社も様々なので、きちんとしたところを選ばないと正当な報酬を得られなかったり、最悪の場合資金を持ち逃げされたりといったリスクも伴います。

ソロマイニングに代わるものとして代表的な例を2つ挙げましたが、いずれも安定収入に結び付くかどうかは、やり方次第です。暗号通貨のマイニングは、設備などの初期投資や消費された電気代、相場が下落した際の損失など、様々な要素が絡んでいるので、将来的な利益の見込みが立てづらく、アマチュアのマイナーが大きな金額を投入するのは少々危険です。

また、あまり危険を冒さない方法として、採掘の難易度が低い暗号通貨を探して、手持ちのPC（CPU）でマイニングを行うという選択肢もあります。この場合は、不人気で価値が低いと言われている暗号通貨が対象となることが多く、マイニング報酬を得ても利益にはならない、むしろ電気代で赤字に……というパターンに陥りがちです。

しかし、暗号通貨の中には、比較的メジャーでありながらも、あえてマイニングの難易度を下げてCPUマイニングに対応し、個人の参入を増やそうとしているものもあります。これは、一部のマイニング企業によって採掘が独占されている状況が、ブロックチェーンが本来持っている「非中央集権」という特徴を薄めてしまうことに対する危機感から発生しているものであり、極めて自然な考え方だと思われます。

今後の暗号通貨業界の流れ次第では、自宅のPCでマイニングを気軽に行える時代がくる可能性も大いにあります。ごく普通の会社員が、仕事を終えて帰宅し、ネクタイを緩めながらノートパソコンの画面を見て「おっ、今日は結構掘れてるな」などとつぶやく、そんな日がくるかもしれません。

Chapter3

ICO

ICOの定義

たとえば、あなたがある日突然、最高のビジネスモデルを思いついた、あるいは多くの人を助けることができるようなアイデアがあなたのもとに舞い降りてきたとします。あなたは今すぐにでも行動に移したい。しかし、それらのアイデアをカタチにするには元手が必要です。手持ちの資金ではとても足りない。そんな時、あなたはどうしますか？

以前であれば、「銀行にお金を借りる」あるいは「企業や資本家などの出資者を探す」という方法が一般的だったのではないでしょうか。確かにこれらは手堅い手段かもしれません。ただ、どちらにも信用や担保が必要とされます。あなたのアイデアがいかに斬新でユニークなものだったとしても、それと同じくらいにあなたが誰であるか、ということも値踏みされるのです。国籍、性別、年令、職業、資格、収入、前科の有無……必要な金額によっては、あなたのプライバシーはほとんど丸裸になるまで調べ上げられ、その挙句、さんざん待たされた末に白紙に戻されてしまうかもしれません。

また、これらの手続きには長い時間も要します。資金が準備できるのを待っているうちに、あなたのアイデアは他の誰かによって先に実行に移されてしまうかもしれません。あるいは、助けようとしていた人々がさらに困窮し、救いようのない状態に至ってしまう可能性もあります。

これは、既存の事業を拡張しようとする時も同様です。従来の方法では、資金を調達する側と出資する側の双方にリスクがあり、それを避けるために相応の時間や手間をかけて、慎重に準備が行われていました。その結果、思うように資金が集まらなかったり、最終的に事業を始められないまま幕を閉じたりするのも、珍しいことではありませんでした。こういった状況を打ち破るものとして、近年飛躍的に成長を遂げたのが「クラウドファンディング」です。


クラウドファンディング（crowdfunding）は、直訳すると「群衆からの資金調達」であり、特定のアイデアやプロジェクトに対して、インターネットを利用して不特定多数の賛同者から資金供与を募る方法です。事業だけでなく、イベントの実現や人道支援、様々な寄付や投資などにも利用されており、国内で自然災害が発生した際にも、復興支援金というかたちでクラウドファンディングが利用され、多くの寄付金が集まっています。

実行までのスピードが速く、誰もが参加でき、非常に利用価値の高いクラウドファンディングですが、完璧な仕組みという訳ではありません。その弱点の一つとして、クラウドファンディングへの参加は法定通貨が原則である、という点が挙げられます。

たとえばインターネット上に、貧困にあえぐ人達を救おう、というクラウドファンディングがあったとします。しかしそれが海外のＷｅｂサイトであり、寄付の振込口座もその国のもので成り立っていた場合、お金を届けるまでにいくつかの手続きをクリアする必要がある上、手数料も取られるため、その労力を払ってでも参加したいという意識の高い人以外は、ふるい落とされてしまいます。ごく少額で参加したいという人にはハードルが高く感じられてしまうのも事実です。

こういった部分をカバーし、よりスピーディーに、少額での参加も可能で、かつ最終的には大きな金額を集めることも可能なツールとして登場したのが「ＩＣＯ」です。その利用価値の高さと共に、様々な問題点も指摘されていますが、ＩＣＯとはそもそも、どのようなものなのかということを知っておくのは大切です。以下、ＩＣＯの概要について述べていきます。

■ＩＣＯの概要

ＩＣＯとは、「Initial Coin Offering」の略で、日本語では新規仮想通貨公開と言われるものです。名前の通り、新しい暗号通貨（トークン）を発行し、それを購入してもらうことで資金調達を行います。企業や団体などは、ＩＣＯを使うことでよりスピーディーで低リスク、かつ大きな額の資金調達を行うことが可能になります。

（注）ＩＣＯについては、２０１８年６月の時点で国内外での法整備が進められている状態です。今後、ＩＣＯのあり方や運営方法、様々な規制、利用者への注意喚起などが流動的に行われていくものと思われます。本書で紹介しているのは２０１８年６月時点での情報をベースにしています。

ＩＣＯによる資金調達の手順は、おおまかに説明すると以下のようなものです。

（1）プロジェクトなどの企画
（2）ＩＣＯの立ち上げ準備

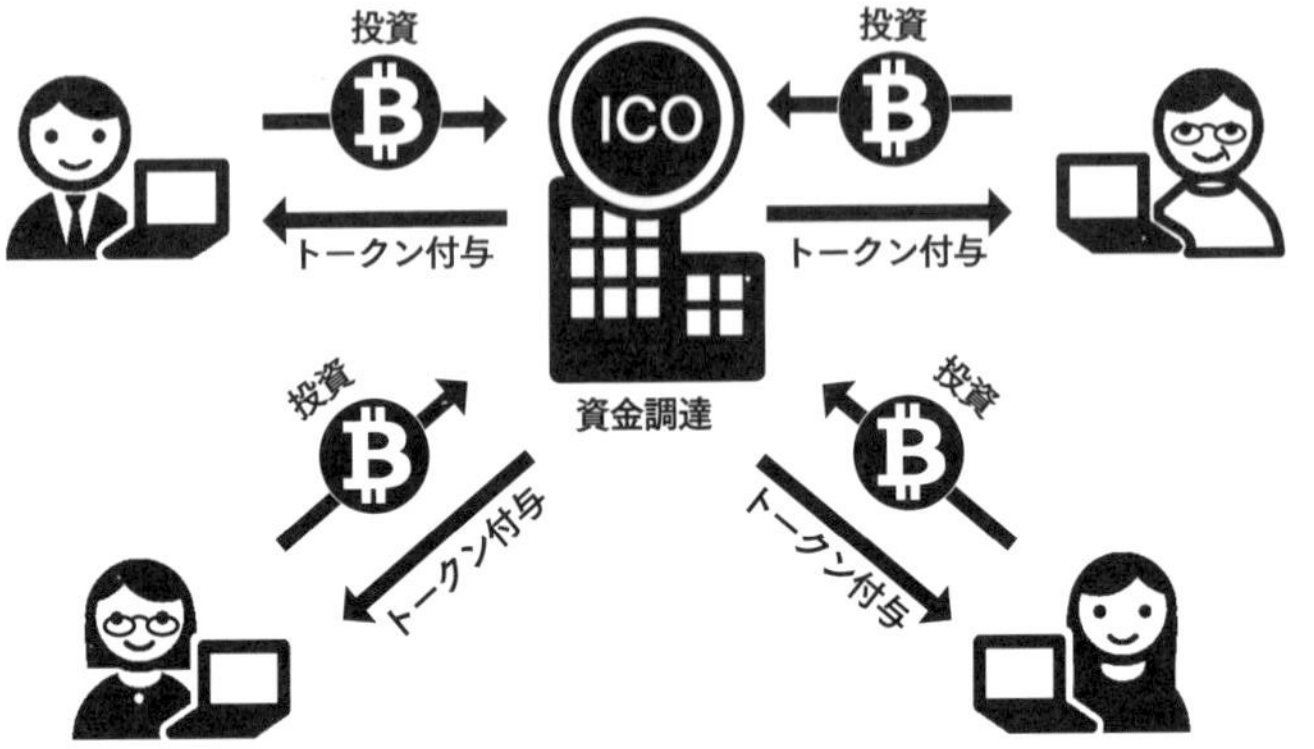

（3）　ＰＲ活動

（4）　プレセール（事前販売）

（5）　トークンセール（販売開始）

このステップを経ることで、発行主体は資金調達を開始することができ、出資者は新しい暗号通貨（トークン）を入手することができるようになります。各ステップの具体的な内容は以下の通りです。

（1）　プロジェクトなどの企画（仕様）を完成させる

資金を調達するには、中心となるプロジェクトや事業に、魅力がないと何も始まりません。プロジェクトの内容が固まったら、出資（トークンの購入）を募るためにその内容をさらに具体化し、ホワイトペーパーと呼ばれる文書に落とし込みます。

ホワイトペーパーは、株式上場における目論見書のようなもので、プロジェクトや事業の内容を説明しつつ、そこに出資することのメリットや魅力をPRします。また、ICOについての具体的な内容、発行するトークンの仕様や分配方法、その他必要な説明も網羅します。ICOが信頼に足るものであるかどうかを出資者が検分する上で、非常に大切なものです。

（2）　ICOの立ち上げ準備とWebページリリース

プロジェクト内容がホワイトペーパーに落とし込めるまでに固まったら、ICOを実施する準備をします。準備項目は多岐にわたりますが、主なものとしてはトークンの発行に関する詳細設定や、ブロックチェーンを使用する場合はその仕様、ICO自体のレギュレーション設定、Webページの作成などです。これらの準備の充実度が、ICO自体の完成度や信用性に関わり、最終的に調達金額にまで影響します。

全ての準備が整ったら、Webページを公開し、そこに情報を全てアップします。

（3） PR活動

Webページをアップして、トークンを発行できるようになったとしても、認知されていないICOのトークンは誰も購入してくれません。多くの人に知ってもらうためのPR活動が必要です。様々なWebメディアを活用して周知活動を行うことになりますが、代表的な方法としては、ICOを専門とした情報サイトの利用があります。ICOの投資を考えている人への情報到達率が高いため非常に有用ですが、サイトによっては数千ものICO情報が掲載されていることもあり、その中でいかに注目度を上げ、魅力をキャッチしてもらえるかという工夫が必要になります。

（4） プレセール（事前販売）

これら全ての準備が整ったら、トークンの販売が可能になりますが、多くのICOではプレセールと呼ばれるトークンの事前販売を行っています。

プレセールは、購入対象が一部の投資家に限定されている、トークンの購入価格がディスカウントされているなど、特別感を強めて行っているものがほとんどです。このプレセールの勢いが、ICOそのものの勢いにもつながるので、ターゲットや金額などを綿密に計画・設定して開始することが大切です。注目度の高いＩＣＯなどの場合は、プレセールでトークンが上限に達してしまうこともあります。

（５）　トークンの販売開始

プレセールが終わったら、トークンを本格的に販売開始します。一般の投資家が参加できるのはここからです。

以上のような手順でＩＣＯは成立し、今まで手が届かなかった事業を実現させたり、起業には縁がないと思っていた人たちにビジネスチャンスを与えたりしています。

このように、ＩＣＯは融資やクラウドファンディングなどの弱点をカバーできる、新しい資金調達方法として注目を集め、現在では世界中で膨大な量のＩＣＯが利用されていますが、かといってＩＣＯが完璧な資金調達方法である、という訳ではありません。暗号通貨やブロックチェーン同様、新しいツールであるＩＣＯは様々な問題も内包しています。

ＩＣＯのメリットとデメリットとして、代表的なものを以下に示します。

■ＩＣＯのメリット

・スピード

発起から準備に要する時間、ＩＣＯがスタートするまでの期間、資金調達が完了するまでの期間など、全てにおいてＩＣＯはスピードに優れたツールです。トークンセール開始と同時に、億単位の資金調達を実現したＩＣＯもあります。ただしこれは、運営主体がきちんと計画性を持っていて、魅力あるプロジェクトを立ち上げた場合です。投資家の注目を集められず、資金調達の目標が達成できないまま立ち消えになるＩＣＯや、準備に手間取り予定の時期になってもトークンセールが行われず人々が去って行ってしまうＩＣＯも数多く存在します。

・リスク

ＩＣＯによる資金調達では、配当を支払ったり、会社の所有権を誰かに譲ったりする必要がないため、企業や団体側にとってローリスクで実施できる手段である、というのも魅力の一つです。そのため、小さな企業や団体、個人なども、良いプロジェクトやアイデアがあれば積極的に資金調達のアクションを起こすことが可能になります。

・対象

ＩＣＯは暗号通貨での資金供与を行うものであるため、特定の国家が発行している通貨に限らず、世界中の人々を対象とした資金調達が可能です。投資する側も、地球上のどこで行われる事業であるかを問わず、その趣旨に賛同でき、将来性を見出すことができればすぐにでも資金供与を行うことができます。

・投資額

暗号通貨の特徴である、マイクロペイメントを可能にするという特性がここでも活用されます。ＩＣＯへの投資における最低金額はそれぞれ異なりますが、一般の人にも手が届く額で設定されていることが多いため、肩肘張らずに気軽に投資を行いたい、といった人にも利用しやすいものとなっています。これは資金調達をする側、投資をする側、両方のメリットとなっています。

他にも、スマートフォンが1台あれば投資側の手続きが完結できる点や、購入したトークンが将来大きな価値を持つ可能性、その価値を転売できるといった点にもメリットがあるといえます。そして、その反面、ＩＣＯにはいくつかのリスクやデメリットが指摘されています。たとえば以下のようなものです。

■ＩＣＯのデメリット

・トークンの価値

トークンは、将来の相場が白紙の状態で売りに出されます。高騰するトークンもありますが、それはあくまでも一部であり、購入時より価値が下がってしまい損をする場合も当然あります。トークンの価値変動を見極めるのは、投資の熟練者であっても困難です。

・買い占め、価値の操作

レギュレーションが充分でないＩＣＯの場合、悪意のあるトークン買い占めが行われる可能性があります。中でも危険なのが、買い占めによって市場価格を吊り上げ、その後に売り逃げる「パンプアンドダンプ」という手法です。これを見分けるには経験と勘が必要なため、投資の初心者は格好の餌食にされてしまうリスクがあります。

・ＩＣＯ詐欺

ホワイトペーパーには美辞麗句を並べているものの、プロジェクトには実体がなく、資金調達だけ行って消えてしまうようなＩＣＯ詐欺も横行しています。主体企業もペーパーカンパニーであったり、実在の企業をかたったりするようなものもあり、被害者も増加傾向にあります。真贋を見極めるのは困難ですが、投資を行う前に充分な調査を行う必要があります。

・法の整備

悪質なＩＣＯから投資家を守るための法整備は現在進行中です。そのため、前述のような事例に引っかかってしまい、不当な損害を被った場合でも保護されないケースがあります。今後、有効な法規制が整備されることが待たれています。

ＩＣＯをとりまく現状は以上のようなものです。

暗号通貨という最新のツールを利用した資金調達方法であるがゆえに、まだ未成熟な部分も残されているＩＣＯですが、マイクロペイメントやブロックチェーンの分散型という特性、実行へのスピードなどを活用すれば、今まで不可能だと思われていた様々な事業を世界中で実現するポテンシャルを持っているのは間違いありません。今後、歴史を重ねることで様々な問題がクリアになり、より有効かつ正当な資金調達方法として成長していくことが期待されます。

次項では、ＩＣＯと並んで語られることの多いＩＰＯを取り上げ、両者の類似点や相違点を比較してみましょう。

ICOとIPO

前項では、資金調達の手段の一つとして急成長した「クラウドファンディング」について触れながら、従来の資金調達法とＩＣＯとの比較をしました。ここからは、クラウドファンディングと同様、ＩＣＯと比較されることの多い「ＩＰＯ」を取り上げ、その類似点及び相違点について考察していきます。

■ＩＰＯとは

ＩＰＯは「Initial Public Offering」の略であり、「新規公開株」を意味します。文字通り、新しい株を上場して、誰でも購入・取引が可能な状態にすることを指しますが、それに伴う「ＩＰＯ株投資」というものがあります。ＩＰＯ株投資は、上場前に抽選で一部の人に与えられる株を買う権利を手に入れ、上場された後に株を売却するという投資法です。上場前に本来の水準より安く購入した株を、上場後の価格で売ることによりその差額を利益として得ます。

このように単純化して説明すると、前項で説明したＩＣＯと良く似ていることが分かります。実際、ＩＣＯは「ＩＰＯとクラウドファンディングを合わせたようなもの」と表現されることもあります。確かにそのような要素は持っていますが、ＩＣＯとクラウドファンディングが異なるように、ＩＣＯとＩＰＯの間にも類似点と相違点があります。そして、それぞれにメリットとリスクが存在します。

■ＩＣＯとＩＰＯの類似点

ＩＣＯとＩＰＯで類似している点はいくつかあります。もちろん、両者の最大公約数は

「資金調達の手段である」ということですが、それ以外には主に以下のような共通点を持っています。

・不特定多数の出資者から資金調達ができる

銀行など特定の出資者から資金を調達する場合と異なり、ICOやIPOによる資金調達では、多くの「見知らぬ第三者」からの出資を受けることができます。だからこそ多額の資金調達が可能になるのですが、同時に目標金額に到達できない可能性もあります。ICOやIPOでの資金調達において、企業と出資者の間では、銀行からの融資のように信用や両者の関係性などはあまり意味がなく、企業に対する期待が投資家の行動を左右するからです。

・投資する側は本来の価値より安い対価での購入が可能

ICOにおけるトークンのプレセールと、IPO株投資は基本的に同じ性格のものです。投資家はトークンや株の、入手時と上場後の差額によって利益を上げます。もちろん100%ではありませんが、IPOにおいてはかなりの高確率で利益を得ることができます。だからこそ多くの投資家がＩＣＯやＩＰＯの情報をくまなくチェックし、期待度の高い対象を血眼になって探しているのです。

この投資家の動きは企業にとっても重要な情報源になります。企業側は上場の前にある程度の手応えを掴み、自社がどのくらい期待されているのかを確認して、今後の対応を決めることができるのです。

・投資することで企業（事業）のサポートができる

ＩＣＯやＩＰＯに投資する人は、全員が利益だけを追求しているという訳ではありません。投資は企業サポートという側面も持っています。

もしあなたが、特定の企業（あるいは事業）を応援したいと思った場合、もっとも直接的で有効な手段が資金による援助です。しかし、一般の多くの人は巨額の財産を持っている訳ではないし、できれば自分にも何らかのメリットがあるとありがたい、と考えるでしょう。そこでＩＣＯやＩＰＯといった分散型の資金調達方法が役立ちます。投資家はそれぞれ大勢の中の一人ですが、ＩＣＯやＩＰＯのもとに集まることによって金融機関を超える額をサポートすることが可能になります。そして応援するだけでなく、利益を得る可能性も手にすることができるのです。

ＩＣＯとＩＰＯの共通点から、主なものをピックアップするとこのような点が挙げられます。しかし、「株式による投資」となると、敷居の高さを感じてしまう人も多くいます。金額も、少額での購入は気後れを感じてしまうかもしれません。また、企業の側でも、株式の公開となると必要な手続きが多かったり、証券会社の力を借りなければいけなかったりするため、それなりのパワーを必要とします。そういった部分をＩＣＯはカバーしています。同時に、ＩＰＯとの違いからくるネガティブな面があることも否めません。

■ＩＣＯとＩＰＯの相違点

ＩＣＯとＩＰＯの最も大きな違いは、その呼称の通り、販売されるものがトークン（暗号通貨）か、株式なのかという点です。それ以外にも、たとえば以下のような相違点があります。

ＩＣＯとＩＰＯの違い

	ＩＣＯ	ＩＰＯ
発行するもの	トークン	株式
実施する場所	インターネット	証券取引所
実施する者	自社	証券会社
説明資料	ホワイトペーパー	目論見書
投資家の経営関与	なし	あり
配当	なし	あり
実施条件	なし	あり

・購入できる人

ＩＰＯは、株式投資についてある程度のノウハウを持っていることが必要な上、上場前の購入対象は抽選によって行われます。一般の人が「ＩＰＯ株投資をやってみよう」と気軽にできるようなものではありません。これに対して、ＩＣＯのトークンは、原則として購入対象を限定しません。つまり世界中の誰にでもトークンを手に入れるチャンスがあるということです。これは暗号通貨の持つ特性からくるものです。

・販売主体

ＩＰＯは証券会社が仲介し、販売も管理します。そのため、企業に対する審査も厳しく行われます。一方、ＩＣＯでは資金調達を行なおうとしている企業や団体が主体となってトークンを発行します。第三者は基本的に介在しません。

・配当、優待制度、議決権

ＩＰＯで株式を入手し、株主となった人には、議決権や株主優待制度などが与えられ、企業も配当という形で利益を分配しなくてはなりません。ＩＣＯにはこういった縛りが原則としてありません。

■ＩＣＯのメリット

このように、ＩＣＯとＩＰＯの類似点・相違点には様々なものがあります。こういった特徴をふまえ、資金調達にＩＣＯを使うメリットを挙げると、以下のようなものになります。

〈ＩＣＯ実施側のメリット〉

・実施のハードルが低い

ＩＣＯの実施においては厳しい審査などがないため、全く新しい事業や小さな規模のビジネスでも参入可能で、大きな資金も必要ないため、立ち上げたばかりのベンチャー企業や個人でも実施することができます。

・対象が広い

ＩＣＯは投資家を選びません。世界中全ての人が対象となります。そのため、上手に運用することで多くの人からの出資を集め、大きな金額を調達できる可能性があります。

・証券会社への手数料が発生しない

トークンの発行は企業や団体が直接行います。仲介する第三者がいないため、当然手数料も発生せず、コストダウンが可能になります。

・企業でなくても実施できる

ＩＣＯでの資金調達は企業が利益を追うための活動に限られたものではなく、ユニークな事業や、イベントの運営実施、ＮＰＯ活動、公益のための事業など様々な場面で活用できます。

〈投資家のメリット〉

・購入のハードルが低い

トークンの購入は、特殊な場合を除き誰でも可能です。またＩＣＯの専門サイトなどであれば購入のプロセスは非常に簡略化されているので、気軽に投資に参加できます。

・世界中のＩＣＯに参加できる

スマートフォンが1台あれば世界中のＩＣＯがチェックできるので、言語の問題さえクリアすれば、世界中のＩＣＯトークンが購入できます。

・トークンは少額でも購入可能

実施主体によりますが、一般的なＩＣＯでは庶民でも手が届く範囲で最低金額が決められていることが多く、自分で負担できるリスクの範囲に応じた投資が可能です。

・トークンの転売や譲渡が簡単に行える

入手したトークンが上場され、価値が上昇したような場合、売りに出したり、第三者に譲渡したりすることも簡単に行えます。

以上の通り、ＩＣＯには従来の資金調達方法にはなかった様々なメリットがあり、それを享受しようと世界中で数えきれないほどの企業や団体がＩＣＯを行っています。そして残念なことに、こういったメリットは裏返すとシステムとしての弱点にもなるため、詐欺に利用されるＩＣＯが多く存在しています。

次項では、そういったＩＣＯの危険な点、及び注意すべきポイントなどについて述べていきます。

ＩＣＯのリスク

２０１７年9月、ひとつのニュースが世界中の投資家を驚かせました。中国政府による、ＩＣＯ全面禁止の発表です。

当時は、ICOに関する詐欺やトラブルの多発が表面化してきた頃でもあり、各国はその対応について頭を悩ませていた時期でした。そこに中国政府が強硬手段に出たということが報じられ、連鎖するように他の国々もそれぞれの反応を見せ、以降、ICOをとりまく状況は日々変化しています。

ICO禁止を発令した際の中国政府の説明は、ICOが国内の金融や経済を乱しているため、そこから投資家や国の経済・金融を守らなければならない、という主旨のものでした。実際には、ICOの動きが想像をはるかに超えて活発だったため、国内資本の流出を恐れたということ、それと同時に国家による金融統制が利かなくなってしまうことに大きな脅威を感じた、ということが大きいでしょう。

確かにICOは恐れるに足る怪物です。従来の制度を軽々と凌駕する勢いで巨額の資金調達を可能にしてきました。テレグラムが2018年4月に行ったICOで17億ドルを回収した、というニュースも記憶に新しいところです。そういった大規模なものばかりでなく、小さな事業やプロジェクトのICOも無数に立ち上げられ、今やその全体像は誰にもつかめないほどにICO市場は巨大化しています。一国の政府がそれを警戒し、ほとんど緊急事態扱いで全面禁止のお触れを出すという反応をするのも、無理もないことかもしれません。

しかし、この対応は果たして正しかったのでしょうか。

ＩＣＯは前項でいくつか紹介した通り、既存の資金調達法と比較して優れた点を多く持っていることから、今までチャンスに恵まれなかった起業家や、独創的なアイデアを持つ人々に、スタートアップの機会を与えてきました。その人がどこに住んでいるとか、過去に破産した経歴があるとか、大きな借金を抱えているといった背景には関係なく、世界中の人々に向けて実現したいことをメッセージし、それに対して「期待できる」「面白い」「実現してほしい」と思わせることができれば、充分な資金が集まるというシステムを完成させました。ほとんど無一文でも、ビジョンと行動力さえあればどんな事業でも成し遂げられるという、夢物語のようなことを実現してくれたのです。

それと同時に、世界中でＩＣＯを使った詐欺が横行し、実体のない事業への出資を募った挙句に姿を消すなどして、多くの被害を生んでしまっているというのも事実です。ＩＣＯは誕生して間もないこともあり、いくつものリスクや、未整備な点を内包しています。それらの隙を突くことは可能であり、社会に悪意がある限り、そしてＩＣＯが誰にでも利用できる手段である限り、悪用されるのは避けられないでしょう。しかし、全て禁止にしてしまっては、本来ＩＣＯが持つ「誰にでもチャンスを与える」という魅力的な特性も抹殺されてしまいます。必要なのは、危険なＩＣＯの見分け方と、正しい投資の方法を、１人でも多くの人に認識してもらうことだったのではないでしょうか。

こういった「啓発」という役割は、我々ＪＢＣＩＡが今後果たしていきたいと考えています。暗号通貨、ブロックチェーン、ＩＣＯ、それぞれのメリットやデメリット、正しい関わり方とリスク、歴史や将来性などを伝えることを通して、可能性の芽が摘まれてしまわないようにするのがＪＢＣＩＡの使命です。

そういった点をふまえ、次項では、ＩＣＯに関わる上でのリスクと、危険なＩＣＯの見分け方について述べていきたいと思います。

■ＩＣＯに関わる際のリスク

ＩＣＯでのトラブルを避けるためには、リスクとその内容を知ることから始める必要があります。ここで重要なのは、前項で述べたＩＣＯのメリットのほとんどが、リスクやデメリットと表裏一体であるということです。

・誰でも比較的簡単に行える ⟷ 証券会社などの仲介がないため、厳しい審査を行う第三者がおらず、詐欺などの犯罪に利用するのも比較的容易である。

・対象が広い ⟷ 世界中の投資家をだますことができる。

・企業でなくても実施できる ⟷ 実体がないにも関わらず、公益性を持った事業や人道支援、イベント運営などを装って、資金を集めることが可能である。

・トークンは少額でも購入可能 ⟷ ＩＣＯが不正なものだったり、プロジェクトが失敗に終わったりした場合に、小口の投資家が「この額なら仕方ない」と諦めて泣き寝入りしやすい。

・トークンの転売や譲渡が簡単に行える ⟷ パンプアンドダンプなどを使った相場の操

作と売り逃げを容易にしている。

ここに挙げたのは一例ですが、こういったＩＣＯの特性をネガティブに利用して、無意味なトークンをばらまき、儲けが出たら事業の頓挫や企業の倒産を装って「持ち逃げ」して終わる、というのがＩＣＯ詐欺のよくある手法です。注意喚起は頻繁に行われていますが、被害者は後を絶ちません。では、ＩＣＯにおける不正、インチキ、詐欺を見破るにはどのような点に注意すれば良いのでしょうか。

■ＩＣＯを選ぶ際に注意すべき点

ＩＣＯを投資目的で利用する場合、高リスクは覚悟しておかなくてはいけません。株式と同様で利益が出ることは約束されておらず、投資家も法で守られている訳ではありません。それを理解した上で、ＩＣＯへの投資を行う場合には最低でも以下の点に注意し、これらに該当するＩＣＯは避けた方が良いでしょう。

・プロジェクトの目的が理解しづらい

ＩＣＯはプロジェクトありきの存在です。トークンを発行して資金を調達した後に、何をしたいのか、それによって社会に何をもたらしたいのかが理解しづらいものであったり、社会のためになるとは到底思えない内容だったりするものには手を出さない方が良いでしょう。

・情報に不足している部分や曖昧な内容がある

ＩＣＯを行う側で公表すべき情報というのは、どのＩＣＯでもほぼ共通です。他社では明確に出している情報が公示されていない、あるいは「未定」などはっきりしないものが見られるＩＣＯは最初から視野に入れない方が無難です。もちろん、公式Ｗｅｂページやホワイトペーパーは隅から隅まで目を通して、内容を理解した上で判断しなくてはいけません。これらがきちんと成立していないＩＣＯが発行するトークンは、ほぼ無価値だと考えましょう。

・ＩＣＯの発行主体またはＩＣＯそのものがマイナーすぎる

よく分からない人物や団体が発行主体のＩＣＯは、リスクが高く、たとえ真面目なプロジェクトだったとしても価値が上がる確率は低いものです。「ブレイク前のアイドルを応援するのが好き」といった嗜好の人もいますが、ＩＣＯの場合は永遠にブレイクしないケースが多いのでやめておいた方が無難です。

・利益が約束されている

「高配当」、「高リターン」、「〇〇を約束」などとアマチュア投資家の射幸心を煽るような文言が目についたら、それは詐欺ＩＣＯです。ＩＣＯでは投資家に約束できる利益など存在しません。

・説明に不明瞭な専門用語が多く難解

ＩＣＯに限らず、一般社会でも見かける手口です。悪質な金融業者が、何十ページにもわたる契約書を作り、その目立たない場所に「10日で1割」という金利が小さく表記されている、といった冗談のようなやり口が横行した時代がありましたが、その根本は今も変わっていません。

公式のＷｅｂページやホワイトペーパーを検分してみて、「とにかく長くて分かりづらい」「何を言いたいのか分からない部分が多い」といったものは詐欺の可能性が高いので近寄らないようにしましょう。

・最低参加金額が水準より高額

高額に設定できるのは何か理由があるはずです。しかし、「プロジェクトの内容が素晴らしいので誰もがトークンを買ってくれるはず」といった自信以外に理由があるとしたら、「儲けたい」に尽きると考えられます。資金回収のみが目的のＩＣＯは全て詐欺だと言って良いと思います。

以上、いくつかの注意点を紹介しました。何よりも大切なのは、とにかくオープンにされている情報をくまなくチェックすることです。ＩＣＯの投資は投資家自身の判断が全てなので、腑に落ちない部分があれば、そのＩＣＯには手を出さない方が無難です。また、Ｗｅｂサイトやホワイトペーパーが全て英語、もしくは他の外国語で書かれていたとしても、投資を考える場合は必ず目を通し、何が書かれているか理解しておくことが大切です。

ちなみに、「これは詐欺ＩＣＯだ」というネット上の指摘が嘘の場合もあります。成功しているＩＣＯを引きずりおろしたいという「荒らし」や、そのＩＣＯの価値を下げてトークンを意図的に操作しようとする、といったケースです。これは見分けるのが困難です。

また、ＩＣＯそのものの仕組みを利用した詐欺ではなく、「必ず儲かるいい話がある」とトークンの購入を持ちかけるような古典的な詐欺も、未だに横行しています。こういった詐欺の存在はＩＣＯの問題ではなく、株や金（ゴールド）や高価な健康食品を買わされて損をするケースと同じです。ＩＣＯではなく詐欺そのものについて知っていただきたい、と言うしかありません。

ＩＣＯでの投資において最初に理解しておかなくてはいけないのは、ＩＣＯはあくまでも「全て自己責任で投資するもの」だということです。リスクを承知の上で、０・01％の可能性がある爆上げを狙うのも自由ですし、どうしても応援したいプロジェクトに寄付をするつもりでトークンを購入する、というのも自由です。大切なのは、リスクもデメリットも全て理解した上でＩＣＯを利用する、ということなのです。そして、こういった認識に加え、ＩＣＯの本来の存在理由は、投資対象としてのものではなく、資金調達によって誰かが何かを実現するためのものだということも忘れないでいただきたいと思います。

ＩＣＯは無限の可能性を秘めたツールです。今まで草すら生えなかったような土地に事業やプロジェクトの樹木を育て、利益という果実ももたらしてくれます。しかしその特性ゆえに、多くの人から投機対象として認識されてしまい、本来の性質が薄くなってしまっている傾向にあります。果実をできるだけ多く手に入れるために木を切り倒してしまっては意味がありません。

また、近年の傾向で気になるのは、ＩＣＯのプレセール参加条件で「資産〇〇〇ドル以上」などの文言が躍っている点です。あくまでもプレセールであり、アンフェアなことをしている訳ではありませんが、参加できるのは億万長者のみ、という部分には違和感を覚えます。しかもそういったＩＣＯはプレセールで資金調達の目標を達成し、一般向けの販売を行わなくなってしまうこともあります。プレセールでトークンを入手した投資家・資産家たちは、別のルートでそのトークンを転売し、一般の人たちは割高になってしまった後のトークンを入手することになります。そして、そのトークンを手にプロジェクトを応援したり、刈り取りの終わった畑に種を蒔くような気持ちで相場を見守ったりする、という構図が一部で出来上がってしまっています。これでは、金持ちをさらに金持ちにする新しいシステムが完成したようなものです。

そのようなＩＣＯが登場するのはやむを得ないことかもしれませんが、ＩＣＯそのものの本質は「ベンチャースピリットを応援する」「可能性を平等に与える」といったものであり続けてほしいと、我々は願っています。

Column 3

サブカルのツールとしての、暗号通貨が持つ可能性

世界には、暗号通貨の相場を日々追いながら一喜一憂している投資家たちが溢れている反面、価値の変動とは少し距離を置いたところで、暗号通貨をマイペースで楽しんでいる人たちも存在します。彼らが主に使っているのは「ジョークコイン」「ジョーク通貨」などと呼ばれるものです。

ジョーク通貨の大半は、金融の世界で活用されることや、価値が上がることを最初から度外視して作られており、主に「世の中を面白くしよう」というコンセプトで成り立っています。その代表的なものが「ドージコイン」です。

「ドージ」（Doge）とは、インターネット上のコミュニケーションで使われる、キャラクターのような存在の柴犬です。通常、柴犬ドージの顔の周りに、短い英文字を乗せた画像が使われ、英文字自体も深いメッセージなどは持たされず、ドージのつぶやきのようなものになっています。こういったものは「インターネット・ミーム」と呼ばれており、ドージはその代表格のような存在です。

ドージコインは、そのドージをモチーフに取り上げた暗号通貨であり、元ネタと同様、世知辛い世の中にちょっとした潤いをもたらそうという目的で生まれたものです。2013年に誕生して以来、募金活動やチップ（投げ銭）などのツールとして多く使われています。

当初はWebコミュニティの遊び道具といった感覚で生まれ、広がっていったドージコインでしたが、ジャマイカのボブスレーチームをオリンピックに出場させるための寄付金を集めたという実績をはじめ、レーシ

ングドライバーのサポート資金を調達したり、ケニアに井戸を掘るプロジェクトを支援したりと、ドージコインを使った社会貢献活動も活発に行われています。そういった動きにあわせて注目も集まっていき、2018年7月現在での時価総額は4億ドルにもなっています。ジョークが大化けしたという好例です。

参考までに、ドージコインに使われている「Doge」のモデルは、日本の「かぼす」という名の柴犬だそうです。また、ドージコインは総量が設定されておらず、無限に発行される予定となっています。

ところで、日本にもこういった性格の暗号通貨が存在します。「モナコイン」(Monacoin, モナーコイン)です。

2014年に誕生したモナコインは、「2ちゃんねる」などWebの世界ではおなじみのアスキーアート「モナー」をモチーフにした暗号通貨で、ロゴにもモナーがあしらわれ愛嬌たっぷりです。そういった個性のためジョーク通貨の一種として捉えられることもありますが、実は非常に優れた機能を備えており、実用性の面でも突出している、注目度の高い暗号通貨なのです。

モナコインはライトコインをベースに開発された、日本初の国産暗号通貨です。ブロックチェーンに、世界で初めて「SegWit(※)」を実装したことでも注目を集めました。単位はMONA(モナー)で、最小単位がwatanabe(0.00000001 MONA)となっており、主にWebの世界での投げ銭や、新しいサービスの開発などに使われています。日本人にはモナーが馴染みの深いキャラクターであることも手伝ってか、モナコインで決済できる実店舗も徐々に増え、相場も2017年の末には1MONA=2千400円まで上昇しました。また、2章で触れたように2018年5月にはブロックチェーンのプルーフ・オブ・ワークの隙を突く攻撃(Block Withholding Attack)を受け、ハッカーからも注目されているような側面も見せています。

（※Segwitとは）

ブロックチェーンのスケーラビリティ問題を解消するための技術の1つ。ブロックのサイズは変えずに、データを圧縮することによって1ブロックに保存できる情報量を増やす。同時にデータ改ざんに対する防御性も強めるという特徴を併せ持つ。

このモナコインを支えるファンは、誕生時のコンセプトと同様、相場の変動よりもコミュニティを盛り上げることや、リアルの場とシンクロさせること、新しい使い方を探すことなどを楽しみに活動しているサブカル・オタク系の人が多いのが特徴です。ファン層も広いことから、今後の暗号通貨戦国時代の中でもモナコインは生き残っていく力を充分持っていると考えられます。

こうして見ると、日本のサブカルやオタク文化は、暗号通貨との相性が良いのかもしれません。実際に暗号通貨に関する様々なＷｅｂページを見ていると、萌え系のイラストがあしらわれたものがいくつも登場します。秋葉原では暗号通貨の流通が盛んで、暗号通貨に関するイベントなども行われています。こういった現象には様々な理由が考えられます。例えば以下のようなものです。

〈暗号通貨を使いこなすためのＩＴリテラシーを持っている〉

サブカル・オタク文化を担っている人々の多くは、デジタルに対する適応力が高い人たちです。彼らには暗号通貨やブロックチェーンの仕組みを理解する能力があり、それを「面白い」と感じることができる素養も持っています。従って、相場の推移だけでなく、暗号通貨の背景にある技術までを含めて、暗号通貨とブロックチェーンが作る世界全体を楽しむことができます。

〈暗号通貨のコンセプトに共鳴できる〉

サブカル・オタク文化では、体育会系のヒエラルキーが好まれないという独特の空気があります。暗号通貨が持つ、国家による統制への反発、中央集権に対する嫌悪、平等意識の高さ、といった点でも親和性があるのかもしれません。

もちろんこれらは推測の域を出ないものであり、他にも「インドアで全て完結できる」といった暗号通貨の特性も、マッチングに一役買っているのかもしれません。いずれにしても、「サブカル」や「オタク」といった言葉で表現される世界では、暗号通貨を抵抗なく受け入れ、自分たちの使い方を見つけ、発展させているようです。モナコインはその急先鋒として影響範囲を広げています。

ちなみに、２０１８年の夏〜秋には新しい国産暗号通貨「オタクコイン」の始動も予定されています。オタクコインはポップカルチャーを牽引する様々なアドバイザーや参画パートナー企業の応援のもと、アニメや漫画、ゲームなどで新たなムーブメントを起こすことを目的としており、「ＩＣＯは行わず世界中のファンに無償配布する」という発表も注目を集めました。このオタクコインに対して一部モナコインユーザーからの反発が出てくるなど、暗号通貨とサブカル・オタク文化が交わる交差点は、何やら賑やかな様相を呈しています。

メディアで大々的に報道される、暗号通貨にまつわる事件や、相場の変動などとは別の次元で起きているような出来事ですが、こういった動きも暗号通貨が持つ可能性の広さを示すものです。単なる取引のツールではない、という暗号通貨のポテンシャルを証明するのは、サブカルやオタク文化の担い手たちなのかもしれません。

Chapter4

ブロックチェーンと暗号通貨がもたらす未来

デジタル技術の進歩

ここまで、ブロックチェーンや暗号通貨が持つ特徴とその有用性、問題点、正しく使うための原則などについて述べてきました。この章では、ブロックチェーンと暗号通貨が、我々にどんな未来を見せてくれるのか、という点について考察していきたいと思います。なお、ここではネガティブな未来を描くことはしません。世の中には、ブロックチェーンや暗号通貨の危険性を声高に唱え、暗い未来を描き、不安を煽りたてるような情報ばかりを広めようとする人達もいますが、真っ白な未来をわざわざ黒に塗りつぶす必要はないと我々は考えています。ありふれた言葉ですが、未来はこれから、私達が作っていくものだからです。

本題に入る前に、ブロックチェーンと暗号通貨が登場するまでの、デジタル技術の進歩についておさらいしておきたいと思います。これからの世界を語る上で、少しだけ過去を振り返るのは大切なことです。まずは、電子とプログラミングの力で高速計算を可能にしたコンピュータの登場から始めます。

1946年…コンピュータの登場

コンピュータの誕生時期は明確に定義ができませんが、一般的に最初のコンピュータと言われているものとして、1946年にペンシルベニア大学で開発された「ENIAC」が挙げられます。

ENIACは現在のコンピュータと比較すると、恐ろしく原始的な機械です。1万7千本以上の真空管を使い、30トン近くの総重量を持ち、2進法ではなく10進法による演算処理を行っていました。しかし、プログラミングにより人間よりもはるかに速く確実な計算を実現しました。

1974年…パーソナルコンピュータが市場へ

マイクロプロセッサの開発成功により、コンピュータの小型化が実現し、パーソナルコンピュータが個人でも入手可能になったのが1974年です。「パーソナル」の捉え方により意見は分かれますが、一般的には同年に発売された「Altair8800」というマシンが最初のパーソナルコンピュータだとされています。

少し遅れて日本にも同じようなコンセプトを持つマシンが浸透し始めて行きましたが、

当時の国内では「パーソナルコンピュータ」や「パソコン」という言葉は普及しておらず、「マイコン」と呼ばれていました。

1992年…インターネットの普及

インターネットの登場は、我々の生活を大きく変えました。知と情報と記憶を全ての人が共有できるものとし、世界中をリアルタイムでつなぐことを実現したのです。インターネットそのものの研究開発は90年代以前から行われており、一部では運用が始まっていましたが、一般に普及し始めたのが1992年頃です。

日本においてはしばらく黎明期が続きましたが、1995年、阪神・淡路大震災が発生した際に、情報が大混乱する中で被災地の状況をいち早く正確に伝えたことで注目を集め、その後企業での普及を皮切りに家庭へと広まっていきました。

2007年…スマートフォンの普及

2000年代に入ってから、スマートフォンは多くの企業で研究開発が進められていましたが、それを加速させたのが2007年の iPhone の登場です。iPhone によりスマート

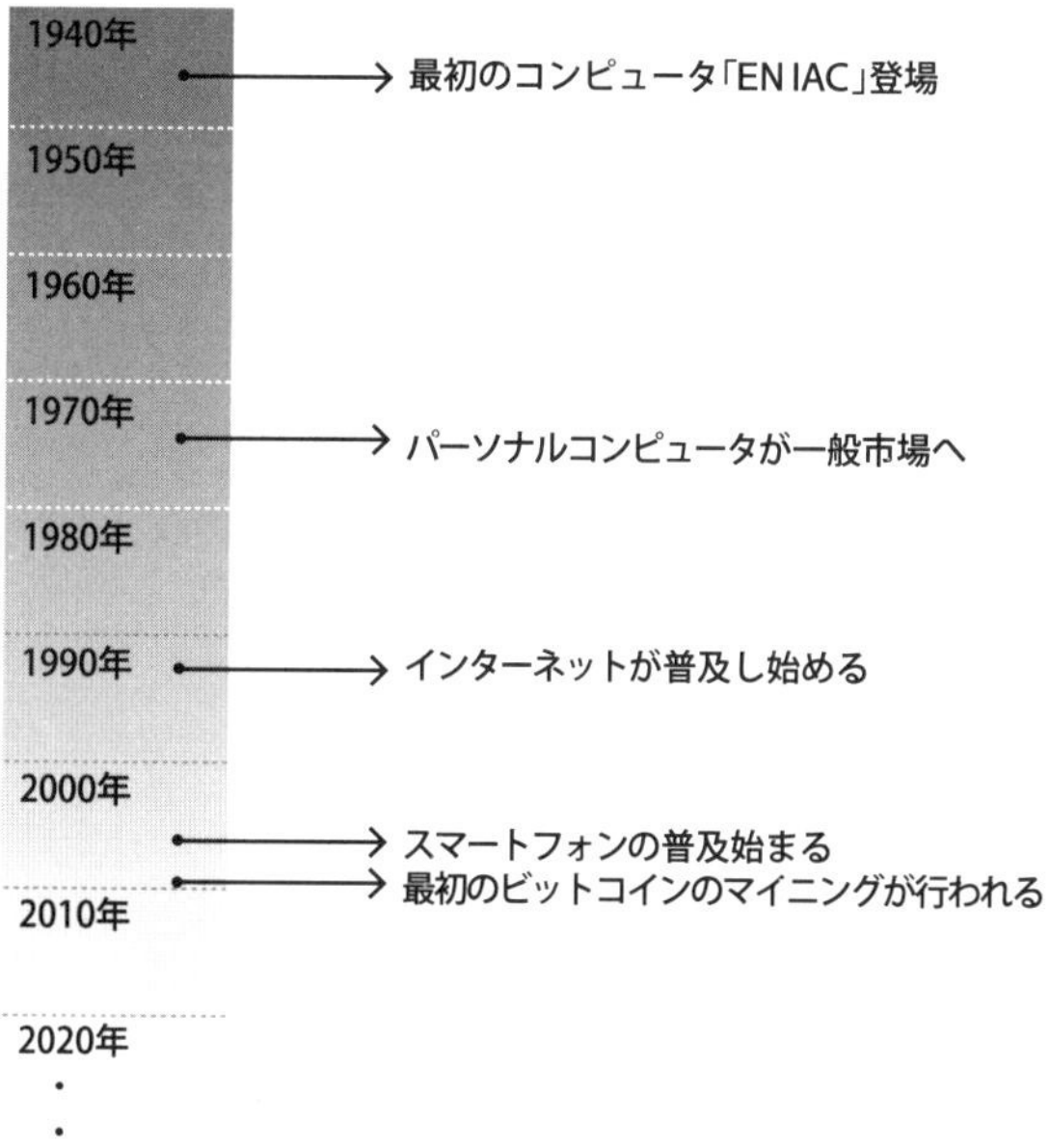

フォンの普及は爆発的に伸び、インターネットを常に身近に感じられるツールとして、我々の生活を一変させました。

以上、大雑把な切り口ですが、一般市民の視点で捉えるとデジタル技術はこのような流れで進歩してきました。こうして年代順に整理すると、進化のプロセスが良く分かります。コンピュータがデータの処理スピードを飛躍的に上げ、パソコンがそれを個人に広め、インターネットが個人を繋ぎ、スマートフォンがそれを日常生活にまで浸透させた、という流れです。しかし、ここまで来てもまだ、未完成な部分が残っていました。それが「価値の交換」です。

スマートフォンによって、世界中の情報が集められるようになり、自分の情報も世界に向けて発信できるようになりました。しかし、たとえば何かを購入したい、応援したい事業がある、逆に資金面で応援してもらいたいプロジェクトがあるといった時には、インターネットを一旦離れて、何らかの送金・着金可能なシステムを利用することが必要でした。その手続きには相応の手間と時間と手数料がかかります。これではまるで、時速300キロを超えるスピードで走っているレーシングカーに対して、給油はサーキット外のガソリンスタンドでお願いします、と言っているようなものです。この状況を打破できるツールとして登場し、デジタル技術の歴史に新しく書き加えられたのが、暗号通貨とブロックチェーンでした。

2009年、最初のビットコインのマイニングが行われ、初の暗号通貨が始動しました。それ以来、ビットコインとその他の暗号通貨は、相手が世界中の誰であるかを問わず、インターネットでの価値の交換を可能にしてきました。それまで、知と情報と記憶の共有を行うツールとして存在していたインターネットに、価値の交換が加わったことで、インターネットそのものが経済活動の場となったのです。スマートフォンが1台あれば全ては完結します。起業を夢見る若者にはアイデアの発表の場と資金調達の手段が与えられ、国を追われた難民には幸福に生きる権利を再びその手に掴ませてくれます。それまでどんなテクノロジーにも実現しえなかった平等の機会が我々にもたらされたのです。

しかし、これはデジタル技術の進歩における一通過点に過ぎません。暗号通貨やブロックチェーンが完全に普及した先の世界に、それらのテクノロジーをベースにした「新しい何か」が再び出現し、我々を驚かせてくれることでしょう。実際に、前述の年表を見ても分かる通り、大きな技術の誕生から次の大きな技術の誕生までのスパンは徐々に短くなってきています。「新しい何か」の到来はもう近くまで迫っているのかもしれません。そういった点をふまえ、ブロックチェーンと暗号通貨が持つ可能性と、それらがもたらしてくれる未来とを考察していきたいと思います。

ブロックチェーンがもたらす未来

ブロックチェーンを語る際に、しばしば使われるのが「破壊的創造」という言葉です。「創造的破壊」という表現も使われますが、ブロックチェーンがもたらす革命の末に生まれるのは無人の廃墟ではなく、新しく生まれ変わった社会です。その点をふまえ、ここでは「破壊的創造」という言葉を選びたいと思います。

この「破壊的創造」という言葉はブロックチェーンの特質をうまく言い表しています。では、ブロックチェーンは何を破壊するのでしょうか。

それは、既存の空虚な「信頼」や、簡単に反故にされてしまう「契約」、いつでも改ざん可能な「履歴」、不安定な「価値観」です。こういったものをまとめて「裏切り」と言い換えることもできるでしょう。ブロックチェーンは、社会の「裏切り」を容赦なく破壊し続けます。同時に、弱者からの搾取によって肥大化していたビジネスや、慣例という名のもとに成立していた取引もブロックチェーンは黙々と呑み込んでいきます。既得権益を手放したくない人々は、全力で抵抗するでしょう。しかし、ブロックチェーンによる破壊はすでに始まっており、呑み込まれるターゲットも決まっています。破壊は今も静かに、そして急速に進行しています。こういった意味からも、ブロックチェーンの登場は、「進化」や「改革」ではなく、まぎれもない「革命」だといえるのです。

ブロックチェーンは、まだ様々な課題を抱えていますが、その課題を克服した後、我々に何をもたらし、社会をどのように変えていくかを、いくつかの例をあげつつ具体的に考察していきたいと思います。

企業が変わる

〈財務管理〉

ブロックチェーンの持つ特性を最大限生かせるのが、「フェアなデータの管理」です。これを必要としているものの一つが企業の財務管理だと言えます。

これまでは、売上や原価や借入金、販管費や配賦などを担当者が細かく計算し、年度末には帳尻を合わせるために部署長も巻き込んで、収支の辻褄合わせに必死になる、といったことを多くの企業で行ってきました。株主や銀行をうまく言いくるめるためだけに財務諸表を作っているような企業も少なくありません。しかし、企業の財務は本来、会社の健全経営と成長のために行われるべきものです。

ブロックチェーンが企業の財務管理に導入されれば、今までのように何人もの人的コストを割く必要はなくなります。数字は単純にデータとして処理され、それ以上の意味を持たず、改ざんもできません。承認プロセスは極めてシンプルになり、経理担当者が徹夜で電卓を叩いたり、書類の印鑑が全て揃うのを待ったりする必要もなくなります。そこで余ったマンパワーを企業の生産活動に向けることで、さらに会社の成績は改善されます。財務諸表もブロックチェーン上に保存されているデータを必要な部分だけ取り出して、見える化するだけです。当然、ごまかしや嘘がないと成り立たないような企業は淘汰されます。ブロックチェーンは、「裏切り」が常態化している企業をふるいにかける装置としての機能も果たしてくれる訳です。

〈人事評価〉

現在、企業における社内人事評価は、企業や部署の方針に合わせて様々な形態で行われています。最も一般的な方法として、上司による評価を行い、それをさらに上司が評価し、さらに……といったピラミッド型の人事評価方式があります。業務を遂行する者とそれを管理する者、という図式の上では合理的にも思えますが、これには必ず「情緒によるブレ」という問題が付きまといます。良い仕事をした人が正当な評価を得られるとは限らないのです。

人事評価にブロックチェーンを取り入れれば、公正性はぐんと高まります。誰がいつどんな業務を行い、どのくらいのスピードと正確性をもって遂行したか、という情報がオープンにされ、良い仕事をした人はそれに応じて評価を受け、蓄積されていく。ここに感情の入る余地はありません。昇給前のタイミングで、人事考課表を前に部長職が揃って頭を抱え込むような風景もなくなるでしょう。どうしても情緒による評定を入れたければ、最後にそれを加点すれば良いのです。

〈人材調達〉

人材のアウトソーシングも容易になります。専門性を持つ企業やフリーランスがブロックチェーンに自分たちの情報を保存していき、クライアントがその仕事に対する評価を書き加えていくと、巨大な人材データベースが完成します。そこに嘘や誇張や隠ぺいはなく、実際に行われた仕事とその結果が、ありのままの内容で蓄積されていきます。その中から企業が、求めている相手を探す、というプロセスが出来上がります。業務の専門性、正確性、スキル、スピード、ギャランティなどは一目瞭然で、そこには人材紹介を行う企業のマッチングのように曖昧な要素はありません。

仕事のアウトソーシングを考えている企業は、より専門性の高い人材に、最も適正な価格で仕事を発注し、その仕事が完了し結果を得られたら、発注先に対する評価を与え、相手は評価の上昇と共にギャランティも上乗せされていく、という正確かつ自然な流れが成り立つようになります。


これらに加え、ブロックチェーンと他のテクノロジーが融合し、進化した一つの究極形態として、前述の「ＤＡＯ」があります。ＤＡＯが企業を運営するようになればビジネスシーンでの革命はさらにもう一段階先へ進むことになりますが、ＤＡＯに対する社会の受け皿はまだ充分に整備されていません。ＤＡＯについての詳細は後に述べることとします。

いずれにしても、ブロックチェーンがビジネスの世界にもたらす地殻変動はすでに始まっています。これから社会全体に走る激震に耐えられるかどうかは、全て企業次第です。

人々の生活が変化する

〈スピードとコスト〉

ブロックチェーンは、一般的にはまだ「見えないところでうごめいている何か」といったレベルでの認識しかされていません。インターネットの普及のように、「Eメールが送れるようになった」「海外のWebページが閲覧できた」というような、個人が参加している実感がないのが大きな理由でしょう。しかし、その感覚にも間もなく変化が訪れるはずです。

生活レベルで感じる変化としては、様々な取引のスピードが上がり、コストが下がるという点が最も大きいものになるでしょう。ブロックチェーンと暗号通貨で世界中の相手との直接取引が可能になれば、必要なものが、必要なだけの対価で、最短のスピードで手に入るようになります。誰かに手数料を払ったり、取引とは無関係な第三者に個人情報を渡したりすることもなくなります。

同時に暗号通貨の流通で、キャッシュレス化も加速することになります。モノによる取引が貨幣によるものへと移り変わり、クレジット決済や電子マネーが広まり、そして次は暗号通貨による取引が一般化することで、現金への依存はさらに低くなるでしょう。暗号通貨は不安だという声はまだありますが、家から盗まれたり、カバンごとひったくられたりするリスクのある現金やカードと比べて、どちらが高リスクなのかは誰にも分かりません。暗号通貨の盗難事件は次々に発生しますが、それはすべて管理者（人間）の過失によるものであり、その度にエンジニアたちは知恵を絞り、新しい対策を生み出しています。ハッカーたちとのいたちごっこは続くでしょうが、現金の盗難事件もおそらく永久になくなるものではありません。こういった不安を乗り越えた先に、ブロックチェーンがハイスピード・ローコストで実現する世界が広がっています。

〈生活上の諸問題〉

ブロックチェーンとＩｏＴの融合が進めば、生活上の様々な不便が解消されていきます。それはおそらく、小さなことからも実感できるようになるでしょう。

交通渋滞で週末のドライブが台無しになる、突然のゲリラ豪雨で洗濯をやり直す羽目になる、電気代の節約がどうしてもうまくいかない、そのような日常の一コマが、テクノロジーによって解決されます。クルマはインターネットから事故や渋滞の情報を常に収集し、赤信号のタイミングも計算に入れ、最もストレスのないルートを自分で選んでくれるようになります。乾燥機は気象データとリンクし、「今日は私を使った方が良い」と提案してくれるようになります。人のいない部屋は照明器具自身が判断して消灯し、冷蔵庫は中に入っているものに応じて冷却温度を調整、エアコンは清掃業者を呼ぶタイミングを家人に教え、最も信頼できる業者まで選んでくれるようになります。我々は、今までこういった些末なことのために割いていたエネルギーと時間を、より人生そのものに向けて使うことができるようになるでしょう。

また、高齢者のケアに向けるマンパワー不足を解消するのにも、これらの技術が一役買ってくれるはずです。2025年問題、そしてその後の将来に向けて、日本は抜き差しならない状況に陥っています。人々の生活を良くするために、使える技術は何でも使う。その急先鋒に位置するのがブロックチェーンとIoT技術です。

国家が変わる

〈行政プロセス〉

国家というシステムにブロックチェーンを組み込むことで、選挙や裁判、議会は、今までよりシンプルに、正確かつ素早く進むことになります。立法・司法・行政において慣例で行われていた無駄な手続きや儀式めいたことは省かれ、決定と実行が即座に行われるようになり、国家は政治家のものではなく国民のためにあるという当たり前のことが、当たり前のこととして成立するようになるでしょう。そこに到達するために、エストニアの電子政府が良い見本となってくれます。

「スカイプ」を生み、NATOのサイバーテロ対策を担う北欧の国・エストニア共和国は人口130万人規模の小さな国ですが、〝電子国家〟と呼ばれるほど行政へのIT導入が進んでおり、日本政府が学ぶべき点は山ほどあります。エストニア政府が発行する国民IDはブロックチェーンで分散管理され、行政手続きの電子化もほぼ完了しているため、戸籍や各種免許などの行政サービスは個人の端末で手続きが完了します。また、2007年の時点ですでにインターネットでの選挙を導入しており、議会もインターネットを活用することで不要な手間を大幅に削減しています。リスクを恐れず、国家単位で挑戦を続け、確実に成功を積み重ねている好例です。前述の日本におけるマイナンバー制度ひとつとっても、少々性格は異なりますが、エストニアが発行している国民IDを見習っておけば、もっと有意義なマイナンバー制度を作り上げることができたのではないでしょうか。

話が逸れました。我々はこれからの国家に、「誠実さ」と「スピード」を求めたいと思います。裏切りを前提とした公約は不要です。いつ施行されるか分からないような議案も話し合うのは時間の無駄です。ブロックチェーンの導入で政治の世界はより透明になり、優先順位が取り違えられることもなくなって、問題に対する解決策は即座に決定され実行に移されます。国家予算という大きなものから、我々庶民に身近な税、社会保障、教育、福祉といった行政サービスに至るまで、全てが国民にストレスを与えることなく行われるようになるでしょう。

〈政治家〉

ブロックチェーンは取引だけでなく、発言や行動も記録し、改ざんできないデータとして残してくれます。「記憶にない」時には記録をたどれば真実が分かるのです。曖昧な発言や約束の不履行は許されず、行動できない政治家は低い評価を下され、政治の世界から削除されます。そして不名誉なデータだけが、誰にも手を加えられることなく残り続けます。これは政治上の約束を履行する上で強烈な拘束力となるため、反発も多く出てくるでしょう。その時点で我々は、反発者に対し「約束を守らない可能性が高い政治家」という判断を下すこともできます。

政治家の発言や約束、行動や結果がすべて記録され、オープンになったら「記憶にない」「善処する」「秘書が」「誤解を招いた」といった常套句も死語になるでしょう。そしてその時、我々は政治に対する信頼を取り戻せるかもしれません。

暗号通貨がもたらす未来

インターネットで「暗号通貨」（仮想通貨）を検索すると、相場、価格、ランキング、高騰、チャート……といった関連ワードが次々に出てきます。微妙な差こそあれ、投資家に対しての情報レールが敷かれたものばかりです。日本において暗号通貨が、取引のツールや最新のテクノロジーとしてではなく、単なる投機対象として扱われている証拠のように思えます。

ビットコインが登場して10年。その間に暗号通貨は、世界からの注目を浴び、相場が高騰し、犯罪に使われ、法による規制を受け始めました。市場も徐々に冷静さを取り戻そうとしているように見えます。現在は誰もが今後の動向に注目しながら、大きな動きを控えつつ見守っている、そんなところではないでしょうか。そしておそらく、これから暗号通貨は正常に進化し、熟成されていく時期を迎えるのではないかと考えられます。

では、暗号通貨の正常な進化とはどういったものなのか、少し整理しながら考えてみましょう。

社会が変わる

〈日本もキャッシュレスへ〉


日本は先進国の中でも、目立ってキャッシュレス化が進んでいない国だと言われています。この理由として考えられるのは、円が比較的安定していることや、ATMなど銀行のインフラが整備されていること、偽造紙幣を作るのが困難であること、そして国内の治安が良いことなどです。これらは全て「日本の良い側面」でもあり、変わらぬ現金主義を支える要素となっています。

多少の変動はあるものの、日本円の価値が大きく損なわれることはないだろうという楽観は、日本人に深く根付いた認識です。また、ショッピングセンターや街角にATMが常設され、生活時間帯であればいつでもお金をおろせるという環境があり、さらに現金がたっぷり入った財布やバッグを持ち歩くのも日常風景で、盗まれるのは不運な人だという感覚も日本ならではのものです。安心の国・日本、安心の通貨・円。しかし果たしてこのままで良いのでしょうか。

実際、諸外国ではキャッシュレス化が進み、現金決済の方が非常識になりつつあります。普及している決済ツールとして代表的なものは、アメリカのPayPal、中国のAlipayなどで、Swishが普及するスウェーデンの現金使用率はたったの2％だという調査結果もあります。ただしこれらは電子決済システムであり、暗号通貨ではありません。

そんな中、日本国内でもキャッシュレス化は少しずつ進行しています。政府は２０１９年の消費税増税を機に、キャッシュレス化を進めるための中小事業者支援案を発表しました。また、各銀行はＡＴＭの利用率が下がってきたことを理由に、インフラの整理を検討中です。銀行窓口も減少の方向で調整されつつあります。こういった動きを受けて、様々な企業が独自の決済システムをＰＲしており、利用率の奪い合いが発生する気配を見せています。その状況の中での伏兵といえるのが暗号通貨です。

暗号通貨の多くはＰＲを行いません。なぜなら中央の管理主体がないからです。しかし暗号通貨の利用者は、年を追うごとに増えています。現在はまだ投機対象としての色が濃い暗号通貨ですが、相場が安定し、本来の決済ツールとしての機能が戻ってきたら、相当数のユーザーが暗号通貨を取引に使うことになります。スマートフォン1台で決済が完結し、世界中で使え、手数料が格段に安いという暗号通貨の良さに気付く人が増えてきたら、キャッシュレス化の波も加速し、電子マネーなどの決済システムはもちろん現金までも無力化してしまう日がくるかもしれません。

〈そして金融が変わる〉

こういった社会の動きと共に、金融業界も大きな変化を迫られることになります。社会の動き以前に、暗号通貨とブロックチェーンの優れた点は金融業界でも把握しているため、変化せざるを得ないのです。

メガバンクの動きは活発です。三菱UFJフィナンシャル・グループは、独自のブロックチェーンを開発すると同時に、「MUFGコイン」の発行計画を発表。近々、一般市場での実験を行う予定となっています（2018年6月現在）。みずほ銀行は独自の暗号通貨「Jコイン」の構想を発表、みずほフィナンシャルグループではブロックチェーン技術を生かした貿易取引も行っています。三井住友銀行はそもそも国内最大手の暗号通貨取引所である「ビットフライヤー」の主要取引銀行であるため、すでに暗号通貨の最前線にあります。他行もおおむね同じような動きで、暗号通貨やブロックチェーンに対しては、反発というより融合する方向で動きを進めています。

これは銀行としては至極当然の動きとも言えます。暗号通貨がここまで存在感を増した現在、反発しても意味がないからです。また、この状況を放置しておくと暗号通貨やブロックチェーンを使った世の中の取引から疎外されてしまい、金融業界が存亡の危機にさらされる可能性もあります。だからこそ、自分たちでブロックチェーンを作り、独自の暗号通貨を流通させるという方法を採らざるを得ないのです。

現在、暗号通貨は乱発に次ぐ乱発で、世界中にいくつの銘柄が存在しているのか誰にも分からないような状態になっています。そこに、巨大企業が発行する暗号通貨が次々に現れてきます。やがて、市場は魅力のある暗号通貨を選び始め、いくつかの流れを残して収束に向かっていくのではないかと思われます。その時、ビットコインや主要なアルトコインはどうなっているのでしょうか？

現在、ビットコインは暗号通貨の中でも最も大きな市場価値を持ち、他の暗号通貨に対する優位性を保っています。そのため、取引においては「基軸通貨」としての役割を果たすことが多くなっています。この傾向は当面続くでしょう。しかし、何が起こるか分からないのが暗号通貨の世界です。ビットコインが再び取引の最前線に戻ってきて、巨大企業の発行した暗号通貨をことごとく駆逐してしまうかもしれません。あるいはその逆で、人々は大企業や中央銀行の発行した暗号通貨のもとに群がり、ビットコインは過去のもの、という状況になっているかもしれません。

おそらくこれらの動きは、今後、短期間で起こるでしょう。社会全体がどの流れにのり、何を選ぶのかは誰にも予測できませんが、願わくば、サトシ・ナカモトが発表した論文に刻まれた未来へのメッセージが、暗号通貨に関わる全ての人の胸にあってほしいものです。

国家を揺さぶる

暗号通貨は、サイファーパンクやリバタリアンたちが生んだ、国家や権力による支配から自由になるための思想をもとに、それを実現するツールとして生まれました。その思想はもちろん今も生きています。しかし、暗号通貨とブロックチェーンは、国家や権力者のツールとして使われる可能性も孕んでおり、実際にそういった動きは世界中で起きています。他にも、暗号通貨に猛反発する国や親和性を持たせる国策をとる国など、反応は様々です。

国家は基本的に監視と統制を好みます。そして、コントロールできない通貨がある、あるいは監視できないコミュニティが存在する、というのは国家にとって大きな脅威となります。暗号通貨とブロックチェーンは、国家や巨大権力にとって目障りな存在です。しかもこれらを叩き潰そうにも、P2Pによる分散化構造は非常にやっかいなしろものなので、どこを叩いても生き残ります。そもそも叩くべき場所が分からないのがブロックチェーンなのです。

ではどうするか。たとえば中国政府は全面禁止という強硬措置を取りましたが、暗号通貨のユーザーたちは監視の目が届かない場所に活動拠点を移したため、かえって全貌が把握できなくなってしまいました。そうなると、手段はひとつしか残されていません。金融機関と同様、自分たちが暗号通貨やブロックチェーンを作るのです。

実際に、中国政府は暗号通貨を禁止しましたが、その反面、ブロックチェーン技術は積極的に国政に導入しようという姿勢を見せています。さらに、中央銀行（中国人民銀行）

が独自の暗号通貨を発行しようとしている動きも伝えられています。暗号通貨の勢いが止められないことを理解し、自家製の暗号通貨を作る方が得策だと判断したものと思われます。

スイスやマルタ共和国は事情が異なり、国を挙げて暗号通貨やブロックチェーンを受け入れています。スイスではツーク州という地方にシリコンバレーならぬ「クリプトバレー」が作られ（※クリプトは暗号通貨＝crypto currencyのクリプト）、世界中からマイナーや暗号通貨に関連する企業が集まり、ゴールドラッシュならぬクリプトラッシュの様相を呈しています。マルタ共和国も同様で、「ブロックチェーンアイランド」を目指している同国ではブロックチェーンや暗号通貨の関連業者を好意的に受け入れており、暗号通貨取引高では世界でもトップの座を占めています（※2018年4月時点、モルガン・スタンレー調査）。しかし同時に、銀行家たちにとって暗号通貨が脅威であることは他の各国と同様で、銀行関係者からは歓迎されていない、という事実もあるようです。これは、金融業界人のごく自然な反応とも言えるでしょう。

このように、国によって暗号通貨とブロックチェーンへの対応は様々であり、ブロックチェーンは受け入れても暗号通貨への慎重姿勢は崩さない、という国も多く存在します。

日本もこの部類に入るようです。そしておそらく、各国の対応は今後も変わってくるでしょう。暗号通貨そのものの動きが定まっていないため、国家も今を切り取って判断するしかないのです。

しかし、こういった国家の対応は、暗号通貨そのものにとって大きな意味は持たないのかもしれません。禁止されようが歓迎されようが、ビットコインのブロックチェーンは日々ブロックを増やし続け、マイナーは黙々とマイニングを行い続けます。最初にプログラムされた通り、発行量が上限値に達すると言われている2140年までこれらの動きは続き、その後もビットコインは黙々と自分の役目を果たし続けるでしょう。

また、金融業界の動きと同様、国家によって管理統制された暗号通貨が近い将来に誕生し、パブリックなブロックチェーンから生まれた純粋な暗号通貨との対立構図ができるかもしれません。これは非常に面白いと思います。国によるコントロールの下に置かれ、暗号通貨の持つ可能性を放棄しても、やはり無難に庇護されている方を選ぶのか、それとも誰の支配も受けない自由な価値としての暗号通貨を選ぶのか。この選択をするのはもちろん私達一人ひとりであり、どちらを選ぶかによって未来は大きく変わります。

人が変わる

これまで述べてきたように、ブロックチェーン、暗号通貨、ＩＣＯという新しいテクノロジーやツールによって、社会に大きな変革がもたらされるのは間違いありません。正確に言うと、変革はすでに世界中で起きていて、そのうねりはこれからさらに大きくなっていくはずです。しかし究極のところ、最も大きな変革を迫られるのは人そのものなのではないでしょうか。

ブロックチェーンと暗号通貨の技術の中にちりばめられた「分散化」「非中央集権」「暗号技術」「管理者不在」といったキーワードの中には、従来の社会常識が覆されるというメッセージが込められています。そして、常識の転覆はすでに始まっており、今まで既得権益の上にあぐらをかいていた人、搾取による利益を享受していた人、個人情報のばらまきで膨大な富を得ていた人、そういった人々は、自分たちが利益を得るために使っていたシステムを手放すまいと必死に右往左往しています。そして同時に、今までそういった人たちが吸い取っていた利益が社会に溢れ出し、多くの人にチャンスがもたらされます。

性別も国籍も宗教も、肌の色も使う言葉も関係なくなります。東京のカフェオーナーとブラジルのコーヒー農園経営者が直接取引できるようになり、北海道のワイナリーがイタリアからの直接注文を受け、九州のローカルイベントスタッフがジャマイカのアーティストに直接声をかけることができるようになる、そんな変革に対応できる柔軟性と、広い視野がこれから私たちに求められるようになるのです。

極端なことを言うと、離島で自給自足の生活をしていて、今の生活に満足している善良な老夫婦には、暗号通貨もブロックチェーンも必要ないかもしれません。しかし、何かを実現しようとしている人や、現状の改善を望んでいる人にとっては、ブロックチェーンと暗号通貨は強力なツールになります。それをどうやって利用するか、世界の中でどのように渡り合っていくか、我々の想像力が試されることになるでしょう。

以上、暗号通貨がもたらす未来についていくつかの側面から述べてきましたが、これらのことに加え、ビットコインが実現した「ＤＡＯ」がこれからの企業や団体、様々なコミュニティのあり方を根底から変えてしまう可能性もあります。

〈DAOとしてのビットコイン〉

ビットコインは、自律分散組織＝DAO（Decentralized Autonomous Organization）を初めて実現させたものだと言われています。DAOはその名の通り、企業の構造がピラミッド型ではなく、ブロックチェーンと同様分散され、管理者不在でも機能し続ける組織を意味します。これはビットコインの運営形態そのものです。

ビットコインには中央管理者が存在しません。しかしビットコインとそのブロックチェーンを運営し、メンテナンスし続ける人は存在します。マイナーやノード、エンジニアたちです。では彼らがビットコインを管理し、支配しているのかというとむしろ逆です。たとえばマイナーはビットコインのブロックチェーンをマイニングしながら報酬としてのビットコインを得ています。彼らはビットコインのプログラムとブロックチェーンに合わせて淡々と作業をこなし続けますが、ビットコインの運営などに単独で影響力を行使することはありません。ビットコインの「従業員」に近い立ち位置で仕事を遂行し続けているのです。このように、中央管理者が存在しないにも関わらず、ビットコインは莫大な市場価値を持っており、巨大企業のレベルにまで成長しているのです。

では、組織がDAO化されることにはどういったメリットがあるのでしょうか。考えられるのは、以下のようなものです。

■中央管理者の間違った判断や、偏見、感情などによる経営のミスが起こらない。
■少数精鋭での事業運営が可能になる。
■決定から実行までのスピードが速い。
■従業員は各自の判断で動き、結果で判断される。従って「強い企業」を作り出すことができる。

主なものをピックアップすると右記の通りです。もちろん、全ての企業をDAO化するのが理想だという訳ではありません。企業の一形態としてDAOという選択肢がある、と考えれば良いのです。

企業や組織を人間に例えると、経営陣が脳、主要管理職が骨格や神経、現場の従業員が筋肉や各器官、ということになるでしょう。DAOの場合は、中央の管理者=経営陣が不在になるということで、「脳を取り除くのか」という誤解が生じるかもしれませんが、実際はそうではなく、全身が脳になるというイメージなのです。

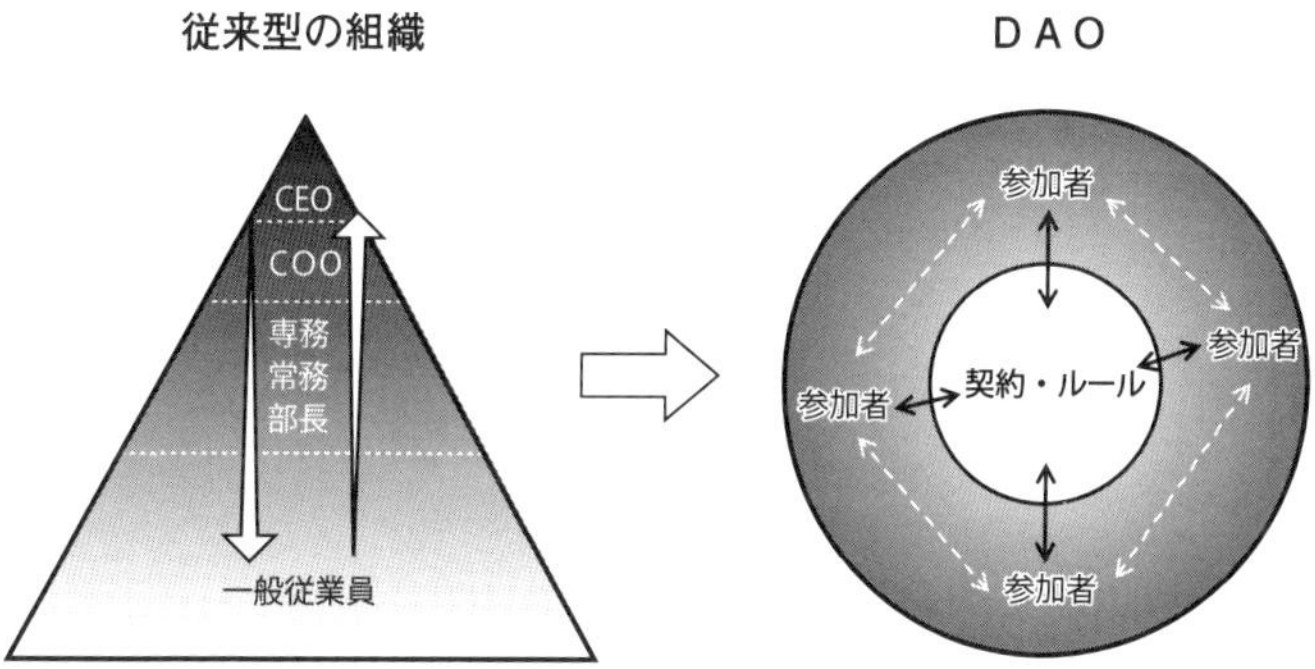

ＤＡＯでは、手も足も目も口も、それぞれが考え、行動します。それもバラバラに動くのではなく、全身の健康、つまり企業の健全経営のためには何が必要なのかということを考え、手が口に指示を出したり、目が足に警告を発したりします。全身が考え、脳や神経を介さずに直接情報をやり取りし、俊敏に動作する——企業や組織がこの構造を持つことができれば、正確さとスピードと誠実性が一気に向上するはずであり、それが実際に可能であることをビットコインが証明してくれた訳です。

しかし、この場合の最も大きな問題が、組織に関わる人たちそれぞれの言い分が拮抗した場合の解決方法です。実際に起きた事例として、ビットコインのハードフォークが挙げられます。

〈ビットコインのハードフォーク問題〉

ビットコインの取引が増えるにつれて、深刻なスケーラビリティ問題が発生しました。この問題の解決策をめぐって、ビットコインの開発者たちからなるコアメンバーと、マイナーを中心としたグループとで、真っ向から意見が対立しました。

コアメンバーは、エンジニアの視点から1ブロックの容量は据え置きとし情報圧縮で対応する方法を主張、対してマイナーのグループは1ブロックあたりの容量を1メガバイトから8メガバイトに増やして対応するべきだと反対しました。これはブロックチェーンの構造の複雑化を避けるのが目的だと説明されていましたが、一説にはマイナーのマイニング報酬を保護することが前提にあったのではとも言われています。この意見の対立は解決を見ず、最終的に2017年8月、ビットコインのブロックチェーンはハードフォーク（分岐）して、8メガバイトのビッグブロックを採用した「ビットコインキャッシュ」が誕生しました。

ビットコインのハードフォーク問題は、暗号通貨が持つ「分散型」という特性に何らかの偏りが生じた時に、誰にもコントロールできなくなってしまうことがある、という実例を提示するかたちになりました。ＤＡＯにおいてもこれと同じようなことが起きる可能性があります。しかし問題はないのかもしれません。なぜなら、現存する企業においても「分裂」は起こっているからです。肉親同士で裁判をしたり、本家と元祖で争いをしたりといった企業の醜い争いと比べると、ハードフォークによる分裂というのは比較的クリーンであり、それによってブロックチェーンが停止することもありません。実存する企業の分裂よりは良好である、と考えることもできます。

以上が、ブロックチェーンと暗号通貨がもたらしてくれる未来の予想図の一部です。これらは全て実現可能なことですが、ブロックチェーンと暗号通貨が持つポテンシャルを考えると、こういった社会の変革にとどまらず、我々の予想もできないような大革命が起きる可能性も充分にあります。その際に必要なのが、第1章で述べた「ブロックチェーン構築のための5原則」です。この原則に沿って、ブロックチェーンの運用が正常に行われていれば、革命の恩恵は我々にもたらされます。

これらの現象は世界中で同時に進行し、価値や文化の移動が一斉に起こります。今まで、長い歴史の中でも成し得なかったことを、ブロックチェーンと暗号通貨が一つひとつ現実にしていく過程を、まるでスライドショーを観るように我々は目撃することになるでしょう。

Column 4

暗号通貨にはなぜ価値があるのか

現在、世界中で流通している数千にもわたる暗号通貨。その価値は銘柄によって様々であり、しかも相場の変動によって大きく変わります。日本円にして百万円単位の値が付くこともあれば、価値ゼロのものもあります。数日間のうちに桁1つ上下することも珍しくありません。

しかし、そもそも暗号通貨にはなぜ価値があるのでしょうか。

暗号通貨は法定通貨と異なり、実体のないデータです。そのデータに人々は価値を認めて、現実世界で取引を行っています。考えてみると不思議なことです。暗号通貨は時として電子マネーと比較されますが、電子マネーの場合は、法定通貨からデータへの変換を経て価値を伴います。工場で作られたばかりの電子マネーカードには何の価値もなく、空っぽの入れ物であり、そこに法定通貨の価値をデータ化したものを入れて初めて電子マネーとして機能します。つまり「財布」でしかないのです。しかし暗号通貨は、ブロックチェーンから生まれたまっさらの状態ですでに価値を持っています。そしてその価値は次々に生産され、人はその価値を手に入れようとします。暗号通貨は媒体としての機能も持っていますが、それ自体が最初から価値を持っているという点が電子マネーと根本的に異なるのです。その「価値を持つ」ためには何が必要なのでしょうか。

漫画や風刺画などでの原始時代の描写に、巨人な石のコインをゴロゴロ転がして買い物をしたり、貝殻を小銭のように使ったりするようなシーンを見たことがあると思います。そして、登場人物は石や貝殻に価値を認めて、取引を行っています。これらはフィクションのものとして扱われがちですが、実際にミクロネシア連邦のヤップ島では「ライ」と呼ばれる石の貨幣のようなものを使ってきた歴史があります。「ライ」の大きなものは直径3メートルを超えていたそうです。また、貝殻を用いて取引を行ったという記録も世界各所に事実として存在しています。現実世界でも石や貝殻に価値が認められているのです。

このように何かが価値を持つためには、いくつかの条件が揃わなくてはなりません。たとえば以下のようなものです。

(1) 世の中に必要とされている
(2) 数が限られている
(3) 簡単に複製ができない
(4) 一定のコミュニティの中で共通認識が持たれている

(1)はモノに対する価値が生まれる必須条件です。たとえば物々交換で全てが完了する社会では、通貨は必要ありません。価値の交換を行う際のツールとして必要とされて、初めて通貨が誕生します。

(2)の条件では、具体的な価値が付与されます。路傍に転がっている石ころでは交換が成り立ちません。加工が施されているとか、手に入りづらいなどという希少性をもって価値の大小が決まります。

(3)ではその価値が保証され、誰もが安心して使えるようになります。

(4)によって、どこまでの範囲でその価値が通用するかが決まります。

これらの条件を備えた身近なものとして、もっとも例に挙げやすいのは「金」(ゴールド)です。

ゴールドは、「美しい」という面で装飾や権力の象徴として人々に必要とされてきました。自然の産物として人の目を引き付ける美しさは、ゴールドの持つ一番の強みです。しかもゴールドは簡単に手に入りません。

地球上の金脈は限られた場所にしかなく、採掘できる量もわずかです。それに加え、ゴールドは人工的に作れないという特性を持っています。過去の歴史の中でも錬金術師たちが様々な努力を払ってきましたが全て無駄に終わりました。理論的にはゴールドの製造は可能ですが、実現するのは不可能に近く意味がありません。さらに、ゴールドは世界中ほぼ全ての国で価値が認められています。だからこそ価値がさらに高められ、法定通貨が弱ってもゴールドの価値は失われず、時には法定通貨よりも価値があるものとして取り扱われます。

それでは、暗号通貨はどうでしょうか。

インターネットで世の中に変革が起こり、情報の流れが大きく変わったのに合わせて、価値の交換も同じ場所でできれば……という自然な欲求が人々の間に湧いてきました。「ネット上で使える通貨」は世界から必要とされていたものです。また、暗号通貨はその性質に合わせて流通量が決められています。無限に発行されるものもありますが、そういった特性はそれぞれの暗号通貨が持つビジョンに合わせたものであり、かつそれぞれに見合った価値が持たされています。さらに簡単に複製できないという条件は暗号化技術によって守られており、それは日々進化を続けています。現在までに主要な暗号通貨のコピー事件が発生していないという事実が、それを裏付けているといっていいでしょう。そして最後の条件、コミュニティでの共通認識については、市場が全てを証明してくれています。世界中で暗号通貨は「使える通貨である」という共通認識を持たれているのです。このようにして、暗号通貨は「価値のあるもの」として扱われ、世界中のモノ・ヒト・コトを動かし続けています。

ちなみに、ヤップ島の「ライ」を作る際に使われる石は、ヤップ島自体には適したものが存在しないため、遠く数百キロ離れたパラオから船で運んでいたと伝わっています。巨大な石を運ぶ船旅は大きな危険を伴い、時に命を落とす人もいて、そういった困難や犠牲が多かった石には大きな価値が付与されたそうです。

ライは、物理的には「石」です。しかしその石には価値があるという人々の共通認識が与えられ、路傍の石ころとは異なるものとして扱われます。さらに言えば紙幣は「紙」であり、硬貨も「アルミ」や「銅」でしかありません。同じ視点で見れば、暗号通貨も「デジタルのデータ」です。そして、国ではなく人々の共通認識によって価値が与えられ、通貨としての役割を果たしています。実体はありませんが、確実にこの世に「価値あるもの」として存在しているのです。

あとがき

ビットコイン、そしてブロックチェーンのコンセプトに初めて触れた時、「これだ！」という大きな手応えを感じました。かつて存在しなかった考え方と、無限といってもいいほどの可能性に興奮を覚え、この革命的なシステムの誕生と時代を共にできたことが嬉しく思えたほどです。その感動は今も変わりません。

私自身はプロジェクトに直接関わっている訳ではありませんが、ビットコインのような分散型の暗号通貨を出発点に、テクノロジーと未来の通貨についての建設的な議論が、国内でも盛んになればと願っています。そのためにも、まずはビットコインのコンセプトについて、改めて理解している範囲で記述していきたいと思います。

1. ビットコインのコンセプト

ビットコインのコンセプトは、通貨の信頼性を暗号化技術によって作りだすことで、中央機関の存在しない自由な通貨圏を成立させることです。

円やドルといった現実の通貨はもちろん、PayPalに代表されるような既存の電子マネーもそうですが、これらの通貨には中央機関がつきものです。この中央機関は「信頼される第三者」として、その通貨の価値を維持しています。しかし、中央機関が存在する以上、預金封鎖や口座凍結といった自分のコントロールが及ばない出来事が起こる可能性を常に孕んでいます。もし通貨に中央機関が存在しなければ、本当の意味で自由に通貨をやり取りすることができるようになるはずです。

また、お金を支払う人と受け取る人の間を仲介する機関が多ければ多いほど、取引コストは高くなります。銀行や企業といった第三者が取引の間に入らなくなれば、取引コストは限りなくゼロに近づきます。暗号化とネットワークの技術によってこれを実現しようとしたのがビットコインでした。

ビットコインでは、取引と通貨の発行に暗号化技術が使われています。取引の信頼性は暗号化とP2Pのネットワークにより保証され、通貨の発行は自動で行われます。暗号化技術によって世界で初めて中央機関を必要としない通貨を作りあげたのです。

2．ビットコインを立ち上げたの美しさ

ビットコインを立ち上げたのは「サトシ・ナカモト」と名乗るハッカーです。暗号化技術によって実現する通貨という概念は、1998年に既にWei Dai博士によって暗号研究者のメーリングリストで発表されていました。しかしそれを実現するところまでには至っていませんでした。その概念を、具体的なプロトコルに落とし込んだのが、サトシ・ナカモト氏によって2008年に発表された論文でした。（※1）

サトシ・ナカモト氏の論文に書かれたビットコインという通貨のデザインは美しく、未来を感じさせる内容でした。ここで改めて、簡単に説明します。

ビットコインは他の暗号通貨と同様に、電子署名の仕組みを使い取引の記録を保存していく通貨です。取引記録をP2Pの形式で、通貨システム参加者間で共有することで「非中央集権化」を達成しようとした点がビットコインの新しさでした。

取引記録を管理する中央機関が存在しないと、悪意あるユーザーによる取引記録の捏造や改ざんが起こる可能性があるのですが、ビットコインでは「プルーフ・オブ・ワーク」と呼ばれる計算をコンピュータにやらせることで、ネットワーク全体の50％以上が善意の

ユーザーであれば、記録に手を加えることが数学的に不可能になるよう設計されていました。

ビットコインは、この通貨システムの信頼性を維持する計算を行ってくれる、いわゆるマイナーたちに対しての「報酬」という形で発行されます。ビットコインの発行量はあらかじめ2100万ビットコインが上限になるように定められており、2140年までに全てのビットコインが発行されるようになっていました。

3．ビットコインが抱える問題点

理想的な思想と美しい設計を持って生まれたビットコインでしたが、いざ運用してみると様々な課題を抱えていることが分かりました。個人的に大きな課題だと考えているものを、3つ挙げたいと思います。

1つ目は、ビットコインが非中央集権の通貨であり、かつ匿名で使用できるという特性を悪用し、ブラックマーケットでの支払いやマネーロンダリングの手段として使用されていることです。

インターネット上の某ブラックマーケットでは、ビットコインが唯一の支払い通貨となっていました。また、ビットコインの取引が記録されても、その記録と特定の個人が結びつくことがないため、マネーロンダリングの手段としても使用されているようです。反社会勢力だけではなく、テロリストの資金源になる可能性もあります。何が危ういかというと、こういう形で使用されていることが判明しても中央機関が存在しないため証明もできない上、口座凍結といった制裁を加えることもできないのです。


2つ目は、通貨の発行数の上限が決まっていることです。

通貨の発行総量として、2100万ビットコインを上限としていることで、ビットコインは生まれながらにしてデフレ経済です。初期のビットコインにリスクを負いながらも参加してくれた人達に対してはインセンティブとなっていましたが、これがパラドックスを生んでしまいます。ビットコインの通貨圏がどんどん大きくなっていくのだと、ビットコインの成長を信じている人達にとって、最良の投資戦略はビットコインを手に入れたら手放さないことです。誰もがビットコインを手放さなくなった場合、通貨の流動性は無くなりビットコインの通貨圏は壊滅してしまいます。

3つ目の課題であり、かつ最も大きな問題だと思われるのが、根本的な設計を後から変えることができない、という点です。

中央機関が存在する暗号通貨であれば、課題が明らかになった場合はそれに合わせて設計を変えてしまうことが可能です。反発は出るかもしれませんが、中央の意思として強制的に変えることは不可能ではありません。

一方、ビットコインは中央機関が存在しないのです。匿名性を無くそう、2100万ビットコインの上限を無くそう、と声が上がったところで誰がどのようにリーダーシップを発揮し、誰からコンセンサスを取れば良いのでしょうか。

少なくとも、初期のビットコインに参加したユーザーは、ビットコインの価値が上がっていくからこそ、よく分からない対象に時間やお金を投資したのです。しかも、そういう投資をしてきたユーザーこそが今のビットコインの価値を維持している多数派なのです。一体誰が彼らの利益を手放すことを納得させられるのでしょうか。

4. 暗号通貨の未来

きっと今の調子だと、ビットコインはドルや円のような通貨として一般に浸透することはなく、一部のギーク（geek）と投機家を巻き込んだ社会実験で終わってしまいます。

しかし、たとえビットコイン自体が通貨として安定せず無くなってしまったとしても、サトシ・ナカモト氏やそれ以前の暗号研究者達が夢見た、「テクノロジーに支えられた中央機関の無い自由な通貨を作る」という概念は残り続け、今後も新しいオープンソースプロジェクトを生み出していく気がします。

現に、初期のビットコインの開発者は「Ripple」という新しい取引プロトコルのプロジェクトを立ち上げています。こういった新しいプロジェクトの中から、いつか長期の利用に耐えられる取引プロトコルが生みだされるのだと思います。

「通貨システムを塗り替える」というのは壮大な野望です。既存の価値観の破壊と、新しいシステムの構築という2つのステップで、膨大なエネルギーを要します。しかし、現実にそれは起こっており、実現に向けて着実に一歩一歩が刻み続けられています。暗号通貨とブロックチェーンがもたらしてくれるであろう未来の世界が楽しみです。

（※1）

Wei Dai 博士がメーリングリストに投稿した暗号通貨 bmoney の構想

http://www.weidai.com/bmoney.txt

Satoshi Nakamoto 氏が書いた論文の和訳

http://bitcoin.co.jp/docs/SatoshiWhitepaper.pdf

参考文献

『ブロックチェーン・レボリューション』（ドン・タプスコット、アレックス・タプスコット著・ダイヤモンド社）

『入門ビットコインとブロックチェーン』（野口悠紀雄著・PHPビジネス新書）

『ブロックチェーンの衝撃』（ビットバンク株式会社&『ブロックチェーンの衝撃』編集委員会著・日経BP社）

『教養としてのテクノロジー』（伊藤穰一、アンドレー・ウール著・NHK出版）

『ブロックチェーン入門』（森川夢佑斗著・ベスト新書）
『ブロックチェーンの未来』（翁百合、柳川範之、岩下直行著・日本経済新聞出版社）
『アフター・ビットコイン』（中島真志著・新潮社）

参考Ｗｅｂサイト

Blockchain Biz　http://gaiax-blockchain.com/
ＷＡＯＴＡＳ　https://waotas.jp/9929
レオンハルトジャパン公式ＢＬＯＧ　http://lhj.hatenablog.jp/entry/iota
ビットフライヤー　https://bitflyer.com/
ビットコイン百科事典　http://xn--eck3a9bu7cul.pw/articles/7TkCF
イーサリアムＪａｐａｎ　https://ethereum-japan.jp/
finte　https://www.enigma.co.jp/media/page-11733/
finasol　http://www.fina-sol.com/news/10650.html
bitcoin.jp　https://www.bitcoin.jp/

モナコインプロジェクト　https://monacoin.org/
金融庁　https://www.fsa.go.jp/

〈著者プロフィール〉

鈴木起史（すずき・たつふみ）

株式会社Ｑ太郎フーズ代表取締役。株式会社 Info-Runner 元代表取締役。ウェブマーケティングなどを経て、ＢＢＱ太郎のサービスをＦＣ展開。日本ブロックチェーン産業協会代表理事。

栗山賢秋（くりやま・まさあき）

日本ブロックチェーン産業協会理事長。株式会社アーウェイ・ミュウコーポレーション監査役。Ｍ＆Ａコンサルティングおよび地域再生事業などを手掛ける。

辻川智也（つじがわ・ともや）

株式会社 Info-Runner 専務取締役。ＳＥＯに特化したシステムエンジニアを経て、グローバルドリームジャパン株式会社代表取締役に就任。日本ブロックチェーン産業協会理事。

【監修】ＪＢＣＩＡ（日本ブロックチェーン産業協会）

暗号通貨とブロックチェーンの先に見る世界
――テクノロジーはどんな夢を見せてくれるのか

平成30年12月1日発行

監　修　JBCIA（日本ブロックチェーン産業協会）
著　者　栗山賢秋　辻川智也　鈴木起史
発行者　田村志朗
発行所　㈱梓書院
〒812-0044 福岡市博多区千代 3-2-1
tel 092-643-7075　fax 092-643-7095
印刷・製本／青雲印刷

ISBN978-4-87035-636-8